小さな会社だからこそ、DMは最強のツール!

BMWを20年間売り続けた
伝説のコピーライターが教える
勝つためのマーケティング術

中村ブラウン
nakamurabrown

WAVE出版

はじめに

ネットよりも「紙のダイレクトメール」のほうが圧倒的にお客さまを集める理由

この本のタイトルを見たとき、「今さら、紙のダイレクトメール（DM）なの？」と思った方は多いのではないでしょうか？

でも、考えてみてください。この時代、情報の中心にあるのはインターネットです。毎朝の日課といえば、大量のダイレクトEメールを見て、そのジャンクメールの多さにうんざりして、中身も見ずにどんどん削除していきますよね。

もし、あなたがどんなに素晴らしいダイレクトEメールを書いたとしても、果たして読者は中身を見てくれるのでしょうか？

その一方、紙DMは、顧客の行動に影響を与える手法（センサリーマーケティング）として、世界的に再注目されています。

簡単にいえば、**実際に手に取って見てもらえ、「見て、触れて、読んで、嗅いで」と、**

読み手の五感を刺激することで、人の心に訴えかけるマーケティングツールといえるわけです。

さらに「紙DM＋ネット」と、アナログとデジタルを融合させることで、今まで考えられなかったマーケティング手法が生まれ、それが成果をあげはじめているのです。

申し遅れました、私は、中村ブラウンと申します。長年、広告代理店のシニアコピーディレクターという立場で、BMWのコミュニケーションに25年以上かかわってきた広告クリエイターです。大のクルマ好きが高じて、安月給なのに新車のBMWを購入。その魅力にとりつかれたあまり、BMWの広告制作をしていた広告代理店に入社し、以来、代理店を移籍したり、フリーランスになってからも、BMWの仕事をさせていただきました。

テレビCM、ラジオCM、新聞広告、雑誌広告、Webサイトやビデオ制作、イベント企画といったさまざまなプロジェクトに参加し、時にはそのプロジェクトリーダーとして仕事をさせていただきましたが、一番面白かったのが、実はDMのクリエイティブだったのです。

BMWは25年以上前から、DMの制作に力を入れていました。媒体費の中でも、DM

に対してかなりの予算を投じていたと思います。毎週のように開催されるショールームイベントへの集客が目的です。つまり、毎週のようにDMを発信し、見込み客をショールームに呼び込んでいたわけです。

なぜ、そんなことをしたのか？
それは、BMWの購入を期待できる見込み客の中心が、「既存オーナー」や「ショールーム来場者」だからです。見込み客リストへDMを発送し、ショールームに呼び込み、そのイベントでの主役となるクルマをクロージング（成約）させていくのです。

DMはセールスの核となるツールであると同時に、クリエイティブな面から見ても、実に可能性を秘めている媒体でした。
たとえば、ゴルフ好きの見込み客のリストを使って、DMにBMWのロゴが入ったゴルフボールを入れて送ったこともあります。受け取った方は驚いたでしょう。そんなDMは見たことも聞いたこともありませんから。

低予算のDMもたくさん作りました。アイデア1つで、大量のクロージングも夢ではないのです。

ですから、「ＢＭＷみたいな大企業だからできたんでしょ？」とは思わないで、この本を読んでみてください。

たとえば、街の小さなクリーニング屋さんや大衆食堂がＤＭで驚くほどの成果をあげ、日本一権威のある「全日本ＤＭ大賞」を受賞しています。

最近、売り上げが伸び悩んでいるという店舗や、ネットショップのオーナーさん。整骨院やペットショップ、飲食店、美容院という街の商店を営む方。中小企業の社長さんや社員の方、もしくはこれから起業を考えている方や、ひょっとしたら私と同業者のクリエイターやマーケターの方々。さらには転職を考えていて、自分自身を売り込もうとしている方。きっと、成功へ突き進むためのヒントがこの本で見つけられると信じています。

本書では、私が今までお付き合いいただいたＢＭＷをはじめとするクライアント様にご迷惑がかからないよう、内部資料にかかわることは一切記載していません。よって具体的な成果の数値などは一切入れずに、多少グレーな表現をしていることもありますので、あらかじめご了承ください。

目次

序章　ダイレクトメールの開封率はなんと7割！

今の時代、顧客の心理は、手に取って、体験として楽しめるものを求めている

第1章　ターゲット

誰に向けてダイレクトメールを出していますか？
「とりあえず送る」では、単なる紙のムダづかい！

第2章 アテンション

DMは開封されなければ、即、ゴミ箱行き！
1秒以内に興味を持ってもらうにはどうする？

第3章 メッセージ

「物語」は最高のマーケティングツールだ! クロージングへとつなげる展開の極意

第5章 エリアマーケティング

お金をかけなくてもできる！ 街の商店ならではのマーケティング戦略

第6章　ダイレクトマーケティング実践編

ターゲットの心をつかむセールスレターの作り方とは？
ダイレクトマーケティングの極意がわかる

第7章 マーケティングで未来を手に入れる

世の中がどんなに変化しようと、ダイレクトマーケティングの戦略を知っていれば生き残れる

ブックデザイン　bookwall
本文図版&DTP制作　津久井直美
プロデュース&編集　貝瀬裕一（MXエンジニアリング）

序章

ダイレクトメールの開封率はなんと7割！

今の時代、顧客の心理は、手に取って、体験として楽しめるものを求めている

ところで、ダイレクトEメールって開いてますか?

さて、質問です。あなたは1日に受け取ったダイレクトEメール（以下Eメール）を数えたことはあるでしょうか?

「そんな面倒なことはしないよ。だって、多すぎて、時間のムダ」

そんな返答が返ってきそうですよね。実際、私自身、毎日、何通のEメールが来ているのか、数えたことはないですし、迷惑メールフォルダの中なんか見たくもありません。

JDMA（一般社団法人　日本ダイレクトメール協会）の2018年度DMレポートによると、1週間に届くダイレクトEメールは1人平均67・4通だそうです。つまり、1日約10通。その一方、紙DMの数は平均約5・7通。つまり、1日0・8通程度。

単純に比較すると、Ｅメールは紙ＤＭの約12倍もの数が届いていることになります。しかも、これは自分が普段使っているメールアドレスでの話です。

今や多くの方が、勤め先のアドレスだけでなく、ＧｍａｉｌやＨｏｔｍａｉｌ、Ｙａｈｏｏ！メールなど複数のフリーメールのアカウントを持っていて、資料請求などはこれらのメールアドレスで登録しているという方も多いでしょう。受信トレイと迷惑メールフォルダに届いているメールを合わせたら、とんでもない数のＥメールが届いていることが容易に想像できます。

さらに、次ページの表を見てください。紙ＤＭとＥメールで、とりあえず開封しているという人は、１００人に対して、紙ＤＭは64・２人。それに対して、Ｅメールは21人という少なさ。しかも、あとでお話ししますが、**自分宛に届いたＤＭなら開封率は74・3パーセント**という高い数字が出ています。マーケティングツールとしてのＤＭの強さは、この話だけでも歴然です。

集客を考えるとき、最初に出るアイデアはネットだと思います。それは当然のことでしょう。なぜなら紙媒体のＤＭを作るよりも、コストがかからないからです。

しかし、コストを惜しむあまり、肝心の集客ができなければ意味はありません。

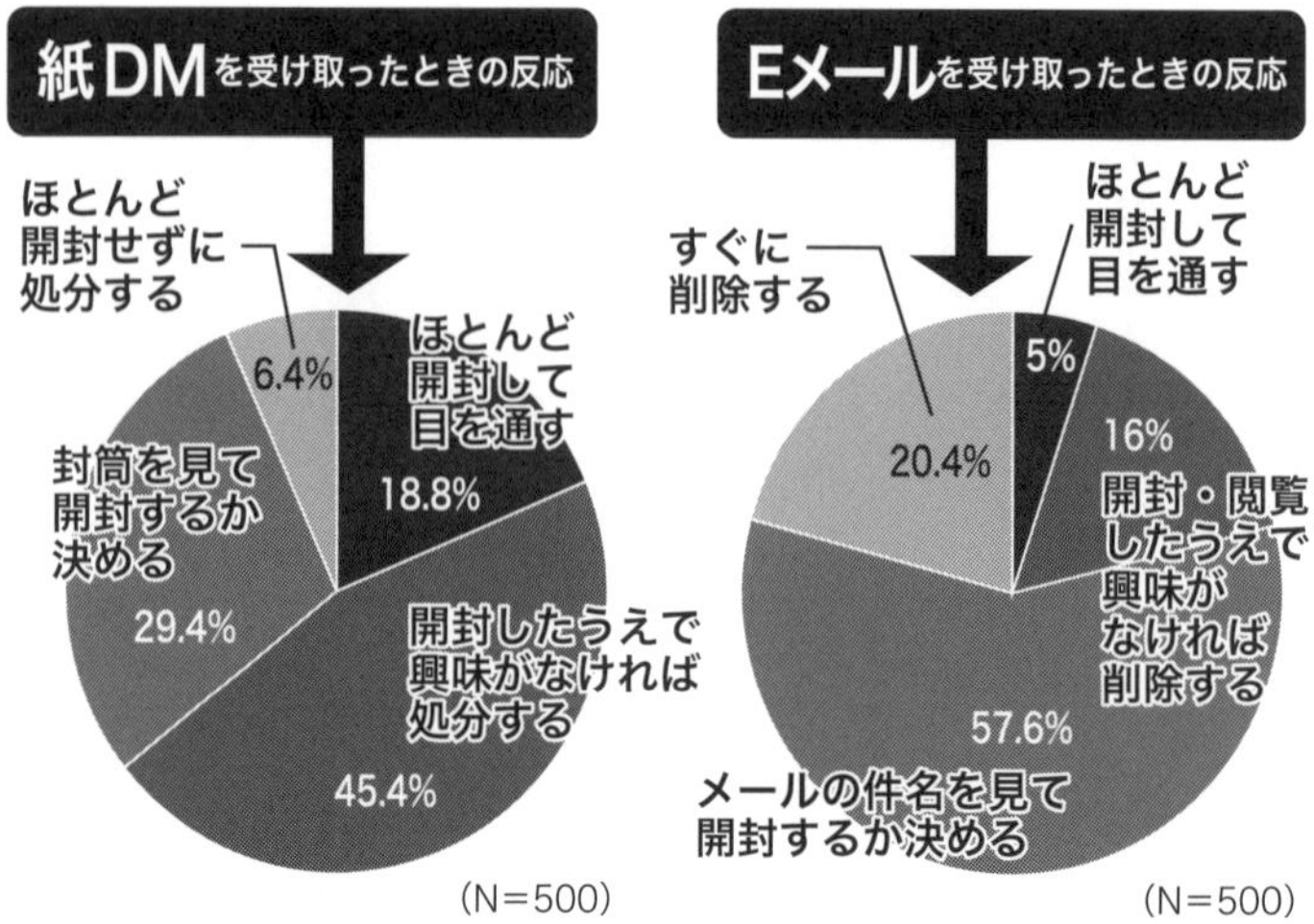

出所：日本郵便株式会社自主調査

　コストを考える際、たとえばメルマガ読者1人を獲得するのに８００円前後のコストがかかるといわれています。商品を購入する見込み客のリストとなれば、さらに高額になることでしょう。そのコストをかけたリストに対してＥメールを送り、ジャンクメールとして処理されてしまったら実にもったいないことになります。つまり、リストを活かすことを考えれば、高い開封率の紙ＤＭを検討する必要があるのです。

　しかし、何もＥメールを否定しているわけではありません。たとえば、紙ＤＭを加えることでＥメールの効果を劇的にアップすることもできます。また、紙ＤＭとネットとの相乗効果で集客力を高める戦略についても詳しく語っていきます。

高開封率で顧客に行動をうながすのが「紙DM」

今までのDMでの効果測定は、「今回、○○パーセントの集客だから成功だね」という風に、店頭への来場者数で評価されてきました。しかし、SNSの時代はそんな簡単な測定ではすまないのです。

たとえば、面白いDMを受け取ったとしたら、それをSNSで拡散してもらえる可能性があります。すると、受け取った顧客が来場しなかったとしても、そのSNSを見た人がふらりと店頭に訪れるかもしれないわけです。

「DMを見て行動した」という人の割合をJDMAが調査したところ、次ページの表のようなデータが出てきました。

DMを受け取ったあとにどのような行動を取ったか？		
開封・閲読	その後の行動	行動内容
開封・閲読 74.3%	行動した 22.4%	ネットで調べた　8.2%
		家族・友人などとの話題にした　5.9%
		店に出かけた　5.2%
		購入・利用した　3.9%
		資料請求した　1.1%
		問い合わせた　1.0%
		ネット上の掲示板などに書き込んだ　0.8%
		会員登録した　0.9%
		その他　0.5%
	特に何もしていない　51.8%	
開封・閲読せず　25.7%		

出典：DMメディア実態調査2017　一般社団法人　日本ダイレクトメール協会

ＤＭだけの情報だけではなく、ネットでさらに詳しく調べたり、友人や家族と話題にしたり、購入したりと、**「ＤＭを見て、行動する人」は22・4パーセントもいる**ことがわかったのです。

さらに興味深いのは世代別で、その行動率を調べてみると、20代男性では40パーセント、50代女性では42・9パーセントという高い数値になっています。もちろん、発信力が強いＤＭであれば、さらに顧客を行動させる可能性を秘めているわけです。

ＤＭを受け取ったあとの行動を年代別に調査したデータによると、20代男性と50代女性では、その行動が異なっているという面白い傾向が読み取れています。

20代男性の場合に多いのは「インターネットで調べた」が22・4パーセントと一番高い行動になっています。

この点からわかるのは、DMを発送するだけでなく、もしネットにつなげる仕組みがあればさらに効果を発揮するということです。

たとえば、DMの中にQRコードを入れて、自社サイトやメルマガ、LINE@につなげてクーポンを配信したり、定期的なインフォメーションを流すことで、集客をさらにあと押しすることができます。

また、50代女性ならば、行動の一番は「家族・友人などと話題にした」で21パーセントです。それならば、もっと話題にしたくなるDMを開発すればいいのです。

たとえば、友人や家族と一緒にお店に来店してくれた方に特別なプレゼントや割引を用意したりするのも手です。

DMを成功させる秘訣は、受け取った方にどのように行動をうながすのか、それを精密に設計することにあります。まさにこの本では、そこを解説していきますので、楽しみに読み進めてください。

アナログレコードがカッコいい時代。アナログのDMにも価値がある

ここでちょっとDMの話から離れてみたいと思います。

2018年、平成時代に多くのファンを熱狂させた安室奈美恵さんが引退されました。小室哲哉さんのプロデュースで数多くのヒット曲をリリースし、「アムラー」という社会現象まで起こしたのはご存じの通りです。

なぜ、安室さんの話をここで持ち出すかというと、彼女が辿ったレコード業界の軌跡に、今の時代の消費者心理を読み取れるからです。

彼女は、CD全盛という時代背景の中で、ミリオンセラーを連発していったのですが、産休ということで休業。復帰したときには、浜崎あゆみや宇多田ヒカルといった新たな

国民的歌姫が続々と登場し、かつての勢いは止まりました。

彼女に襲いかかったのはライバルの出現だけではありません。

リスナーはCDを買うのではなく、ユーチューブでビデオクリップを見たり、音楽はインターネットからデータで購入する時代に変わっていたのです。そんな中で、安室さんはライブに勝機を見出しました。「ファンと直接、接していたい」という、アーティストならではの欲求から始まった行動ですが、これが見事に時代にハマったのです。

その理由は、消費者心理が、「所有する」から「体験する」に変わったからです。普段、スマホでユーチューブを見慣れている人が素晴らしい動画コンテンツよりも、目の前で歌われるライブな興奮に価値を見出したからです。AKB48の成功も、「会いに行けるアイドル」という新しいコンセプトがファンの心をつかんだからでしょう。


音楽業界で言えば、もう1つ面白い例が最近のアナログのLP盤に対する人気です。

中高年以上の年代なら、「あの大きなレコードジャケットは持ち運ぶのが大変だったな」と思い出される方が多いのではないでしょうか？　私も学校で友人に貸すため自転車で運ぶときに、傷がつかないか心配しながら運んだものです。

そのアナログのLPレコードを買い求めるために外国人の方が日本に押し寄せている

というニュースを聞いたことがありますか？　欧米では手に取って眺めて楽しい、あの大きなLPジャケットが欲しくて買い求める音楽ファンが増えているのです。データ音楽ではその喜びはないのですから気持ちはわかります。

でも、「なぜ、日本で？」と疑問に思うでしょう。それは、日本のLP盤はジャケットを保護するビニール袋に入って保管されていたため、ジャケットの損傷が少ないという特徴があるからです。

何を言いたいかというと、**人びとの興味はデジタルやネットといった形のないものよりも、もっとアナログで、手に取って体験として楽しめるものに向いてきている**のです。

新聞広告や雑誌広告といった、従来のマーケティング媒体が衰退する中、DMは手に取ってもらえる貴重なマーケティングツールとして、その価値を再認識されています。

考えてみてください。DMならば、紙の感触や、見た目のデザイン、開けたときに飛び出す絵本のような作りもできるし、ティーバックのようなサンプルで味覚さえも届けられる。ここまでできるマーケティングツールが、ほかにあるでしょうか？

DMは古いという考え方は改めたほうがいいと思います。今や、**DMこそ、人の五感に訴え、顧客の行動に影響を与える手法（センサリーマーケティング）として世界で再注目されている、最先端のマーケティングツール**なのですから。

第1章
ターゲット

誰に向けてダイレクトメールを
出していますか?
「とりあえず送る」では、
単なる紙のムダづかい!

誰をお客さまにするのか？ まずターゲットをきちんと決める

この章では、ＤＭを送るうえで一番重要となるターゲットについて考えていきたいと思います。なぜ、重要なのかというと、**どんなに素晴らしい戦略を持ったＤＭでも、ターゲットを間違えると、その効果が得られない**からです。

極端な例でいえば、老眼鏡のＤＭを20代の若者に送っても、クロージングに結びつくとは思えません。おじいちゃんやおばあちゃんへのプレゼントとしての需要はあるかもしれませんが、その効果は限定的です。

ＤＭを送るということは、それなりのリストがあるわけですから、自分の売り込みたい商品がどういう属性の人たちに売れるのか、セグメント（区分け）してほしいのです（のちほどリストなしでも送れる方法も紹介します）。

ですが、「いやあ、うちのリストは年齢とか書いてないのでわからないんですよ」とか、「うちの商品は年齢や性別に関係ないんで」とか、答えが返ってきそうですよね。

はっきり言います。ＤＭはターゲットを特定することで高いレスポンスが見込めるツールです。さらに言えば、集客するうえで、つまり**マーケティング全般においても、ターゲットを絞れば絞るほど効果が高くなる**と覚えておいてください。

最高のＤＭとは個人宛に書かれた手紙にほかなりません。考えてみてください。ある日、郵便ポストを開けると、いつものように請求書や、いかにも大量に配送された感じのＤＭの中に混ざって、手書きで宛名が書かれた手紙を見つけたら、まずはその手紙を開封するのではないでしょうか？

しかも、その中身はあなたのことをよく理解した内容で、さらに手書きで書かれているので、人の温もりさえ感じられる。そして終わりには、「ぜひ1度、お立ち寄りください。○○様のお越しを本当に楽しみにしています」などと書かれていたら、心の中ではすでに「いつ行こうか？」などと考えているに違いありません。これこそ、ＤＭの極意なのです。いかに、その人だけに向けたＤＭを作るかが重要になってくるのです。

先ほどの「リストに年齢が記載されていない」という話ですが、それならば、今後はＤＭを発送するうえで効果が上がるようにリストを修正していってください。

まずは、新しい顧客データを入手する際は、「名前、住所、メールアドレスだけでなく、生年月日、性別、趣味、家族」についても書かれていると、今後、いろいろな展開が期待できます。

たとえば、生年月日が書かれていれば、バースデーカードを送るという戦略が立てられますし、家族に小さなお子さんがいれば、子どもが喜びそうな来場記念品を用意したＤＭも考えられます。すべての商売において「リストこそ命」なのです。


そういえば、江戸時代は大火が頻繁に起こり、江戸の商人は大変な思いをしたそうです。その商人が「いの一番」に火事の中から救い出したのが、まさに「大福帳」。つまり、顧客リストだったそうです。店や商品が灰になったとしても、顧客リストさえあれば商売を再開することができるからです。昔も、今も、顧客リストこそがあなたの財産であることに変わりはありません。

さて、マーケティングの用語に「1：5の法則／5：25の法則」というものがあるのをご存じでしょうか？

「1：5の法則」とは、新規客に販売するコストは既存客に販売するコストの5倍かかるという法則です。

そして、**「5：25の法則」とは、顧客離れを5パーセント改善すれば、利益が最低でも25パーセント改善されるという法則です。**これは明らかに新規客を開拓するよりも、既存客のロイヤリティ（ブランドへの忠誠心）を高めて、ここを積極的にセールスするほうが、売り上げは上がるという考え方です。まさに「リストこそ命」といえる理由なのです。

誰に売るかで「売り方」も変わってくる

本書をお読みの皆さんの中に多そうなのが「うちのターゲットは年齢や性別に関係ない」という方。お気持ちはすごくわかるのですが、もう少し、突っ込んで自社の商品を見直してほしいのです。

たとえば、あなたが傘屋さんだとします。商品全体で見れば、確かにターゲットはかなり広い。しかし、女性用、男性用、お年寄りが好きな柄、若い人が好む柄と分かれるはずです。もし和傘があれば、和服を着る女性や男性がターゲットとして考えられますし、折り畳みで高機能の傘なら、ビジネスユースとしてのニーズで絞れるかもしれません。

その商品特徴に合わせてターゲットを立てれば、その傘は漠然とした「傘」という訴求ではなく、「○○の方におすすめできる傘」として、ターゲット（つまり「○○の方」）に深く刺さる訴求ができるのです。

このように分類ができたら、どのターゲットの傘があなたの店にとって一番の売れ筋なのかが可視化されていくと思います。

それこそが狙いです。一番売れるターゲットに対して、集客する力を注げば、売り上げは上がるでしょうし、一番よいタイミングでDMを打っていけばその効果は最大になるはずです。

そして、売れゆきが悪いターゲットの傘に対しては、その傘をどのタイミングで、どのように訴求すれば売れるのかを考えてみるのも必要です。

たとえば、和傘は普段、売れゆきは悪いでしょう。しかし、卒業式や入学式シーズン、晴れ着を着るようなターゲットに絞ってDMを打てるなら効果があるでしょうし、浴衣を着るシーズンに日傘としてアピールすればセールスが見込めるかもしれません。

戦略を練って、それでも売れなかったら、その商品を撤退するのも有効な手でしょう。

「こんなに小さい字じゃ、お年寄りに読めません！」

ターゲットが特定できたら、**ＤＭの属性をしっかりと考えてください。**

たとえば、私自身の失敗談を明かせば、かつて携帯キャリアのＤＭを制作しているとき、広告代理店の営業担当者から「このＤＭはガラケー訴求でシニア層がメインターゲットなので、文字をもっと大きくしてください」と指摘されて、「あっ、しまった！」と基本を忘れていたことがありました。

そんなこともあり、シニア層向けのＤＭについての原則をまとめたこともあります。さまざまなシニア向けのＤＭや小冊子を集めて、どのような点に注意すべきかを検証していったのです。

そうして気づいたのは、単純に文字サイズを大きくするだけでなく、たとえば、読んでもらう順番に数字を入れたり、ポイントになる箇所を太字や黄色マーカーを引くなどと、徹底して読みやすさを追求するということでした。

なぜなら、シニアの方にとって、長い文章は見た瞬間に「読むのが面倒だ」と認識されてしまうので、最低限伝えたいことを「ピッ、ポッ、パッ」と見てわかるようにする必要があるからです。

しかし、一方で、太字や黄色マーカー、数字などは紙面を汚すことでもあるので、デザイン的には美しさが欠けてきます。グラフィックデザイナーとは、このことで議論になることがありました。

たとえば、ＢＭＷなどのハイブランドでこの手法を使うと、折角のブランドイメージが損なわれてしまうこともあるでしょう。たとえシニア向けであっても、どこまで読みやすさを追求するかは、ケースバイケースと思っておいてください。

〈ターゲット攻略　４つのポイント①〉

年齢、性別、家族、趣味など、リストの情報は常にアップデートする。ターゲットを細分化することで、より効果的なアプローチが生まれる。

リーマンショック後、BMWは顧客にどんなDMを打ったか？

2008年9月15日の「リーマンショック」を覚えているでしょうか？

アメリカの証券会社「リーマン・ブラザーズ」の経営破綻に端を発し、株価が大暴落した事件です。世界同時不況が引き起こり、私も海外のファンドに投資したあとだっただけに、一時はどうなるかと思いました。

その頃、在籍していた広告代理店でも、急にクライアントからの発注が減っていき、今までたくさんの協力会社に外注しながら制作進行していたのが、仕事量が激減した関係で、代理店のクリエイターが自らすべてを制作するという内制（内部で制作する略語）にシフトしていきました。

そういう中、自動車の販売においても苦戦が続き、さらに2011年3月11日に発生した東日本大震災による福島第一原子力発電所の事故も強力なインパクトとなり、売れるクルマは低燃費の軽自動車や、プリウスなどのハイブリッドカーへと消費者心理が変わっていったのです。

この状況下でプレミアムカーであるBMWを売るのは至難の業《わざ》でした。しかし、こういった消費者心理の中でも、BMWの「駆けぬける歓び」を熱く支持するファンはいますし、クルマ好きにとってプレミアムカーへの憧れは変わることなく残っていたのです。問題は、「低燃費至上主義」に凝り固まった消費者の心でした。その心理を少しでもゆるめることが課題だったのですが、自動車の燃費性能を変えてもらうことはできません。

そんな中、私たちは低燃費といわれるクルマの実燃費（実際に一般的な使い方をしたときの燃費）が、カタログの数値とかなり異なっていることに注目しました。また、BMWのようなドイツ車は高速走行になると燃費がよくなる傾向があり、走り方によってはカタログの燃費数値と変わらない実燃費を計測できることもわかっていました。

このことを顧客に対して、上手にメッセージできないかと考えたわけです。

そこで、私たちは「実証。ＢＭＷの燃費力　～カタログ値には表れない、真の実力とは？」というタイトルで、自動車雑誌風のＤＭを送ったのです。

まず最初のページで、権威あるモータージャーナリストに、「実は燃費は計測方法によって数値が大きく変わり、日本車はカタログ燃費と実燃費が異なりやすい」、一方で「ヨーロッパ車は、カタログ燃費と実燃費が比較的近い」ということを語ってもらいました。

さらに、このＤＭの目玉として、広告代理店の制作スタッフやＢＭＷの担当者が、実際にＢＭＷ３シリーズで約３７０㎞を走り、その実燃費がどうなるのかを検証する記事を掲載したのです。

その結果は、制作サイドでも想定外でした。

カタログ燃費10・15モード　８・９㎞／リットルに対して、その検証によって出た数値は15・07㎞／リットルという低燃費を実現したのです。

このＤＭによって、すぐにクロージングに結びついたという報告はなかったのですが、ボディブローのようにターゲットには確実に効いたパンチだったと思っています。

売れゆきは、時代の変化や競合商品との関係で変わる

ここで言いたいのは、今まで売れていた見込み客でも、時代によって、そして競合商品との関係によって彼らの考え方は変わっていき、セールスが難しくなるということなのです。

これは、自動車業界だけの話ではありません。

たとえば、携帯音楽プレーヤーという商品はどうでしょうか？

かつて、ウォークマンという画期的な商品を世に出したソニー。あの頃は「音楽を聴く」と言えばラジカセや、ステレオコンポといったものが主流でした。それを、ウォークマンは「歩きながら音楽を聴ける」というカルチャーショックを与えた、まさに革命的な製品でした。私も、高校生の頃、お小遣いをはたいて買ったことを覚えています。そして、時代はカセットテープからＭＤ。そして、ＣＤとメディアは変わっていきましたが、ソニーのウォークマンは健在でした。

しかし、アップルがｉＰｏｄという商品を出して、時代は一変しました。ｉＴｕｎｅ

sで音楽をデータとして買い、そのデータをハードディスクに保管して、音楽を聴くというスタイルが生まれたのです。これが、音楽業界にも転換期をもたらしたのは、先ほどの安室奈美恵さんの話の通りです。

そして、進化は止まりませんでした。iPhoneの誕生です。もはや、音楽プレーヤーという概念すら消えていったのです。スマートフォンさえ持っていれば、電話、音楽、動画、メールとなんでも1台で済ませられる時代になってしまいました。ウォークマンで切り開いた「歩きながら音楽を聴く」というマーケットはここまで変わってしまったのです。

しかし、先ほどのBMWの例とソニーとの例には大きな違いはあります。それは、BMWの場合は、リーマンショック、東日本大震災という衝撃的な出来事によって、突然、マーケットの意識が変わったことにあります。当事者の私としては、本当に、「突然、変わってしまった」というのが実感でした。マーケティングに携わる人間としては、よい経験だったとも思っています。

今までの例は自動車業界やオーディオ業界といった大きなマーケットでしたが、街の商店だって、このようにお得意さんの意識が突然変わる可能性があります。

たとえば、同じ商圏にライバル店が現れれば、従来通りのビジネスは難しくなるでしょう。そして、これは大きな時代の流れの中で起こっていることですが、ECサイトの台頭です。アマゾン、楽天といったネットショップが勢力を強める中、街の商店にとっては、同じ商圏にあるライバル店よりも脅威になっているのは周知の事実です。

「このままだと売り上げが落ちるばかりだ。早く新規顧客を開拓しなければ」と焦っているオーナーの方は多いのではないでしょうか。しかし、ちょっと待ってください。新規顧客の開拓は当然、必要ですが、一番の財産である顧客リストを使わない手はありません。

街の電気屋さんが、「家電をネットで注文するお客が多くなった」と嘆いているとしたら、たとえば、顧客リストを使って、「夏がはじまる前に、エアコンの無料点検を承ります」といったDMを打つのはどうでしょうか？

顧客のご自宅でエアコンの点検はもちろん、冷蔵庫や洗濯機の様子を確認するのです。

「お宅の冷蔵庫ですが、かなり型が古いですね。新しい冷蔵庫だと電気料金が半額になりますよ。そうそう、ちょうど破格の冷蔵庫を仕入れたばかりなんですが、いかがですか？」というように、さりげなく訪問販売なんかも可能になります。これはネット家電業者では絶対に真似のできないセールス方法です。

さらに新規顧客の開拓を行うのであれば、先ほどの「エアコン無料点検を承ります」という案内を折り込みチラシや、このあとにご紹介する「かもめタウン」「年賀タウン」を使って、顧客リストなしに指定エリアにＤＭ発送し、新規顧客の獲得を狙うことだってできるのです。

大切なのは、**顧客リストを持っているからと安心するのではなく、常に変わっていく顧客の思考やニーズを考えて、それに適した戦略を打ち立てる**ということです。

〈ターゲット攻略　４つのポイント②〉

今、ターゲットが何を求めているか考えつづけろ！

なぜBMWは、本物のゴルフボールが入ったDMを作ったのか？

先ほど、「顧客リストには、その人の趣味を記載するべき」とお話ししましたが、それを活かした一例をご紹介します。

それは、BMWのゴルフボールDMです。「なんだって!?」と、実物を見た方は驚いて、そのあと微笑みながら「本当にゴルフボールが入っているよ！」とすぐに開封されたと思います。

このDM、もともとプレミアムカーのオーナーにゴルフ愛好家が多いということから、顧客リストの中から「ゴルフが好き」という方をチョイスしてDMを発送する企画でした。リストを絞ることで、大量に配信するDMに比べて1通あたりの制作単価を下げることが可能となり、企画が実現したのです。

セールスの軸になった商品は、ミドルクラスのBMW5シリーズです。このクルマは価格にして600万〜1100万円という、ちょっと普通のサラリーマンには手の出しにくいランク。オーナーは中小企業経営者、大手企業の管理職、弁護士、医者などの専門職の方が乗られるという印象があります。こういうオーナー像ですから、接待ゴルフや趣味のゴルフといったケースも多いと考えたわけです。

一貫したストーリーでお客さまに行動を起こさせる

さて、**DMを制作するうえで一番重要なのは、そこにストーリーがあり、読み手に行動を起こさせるところまで、そのストーリーを貫く**ことにあります。

今回のDMは、ゴルフボールを入れたことで、100パーセントの開封率を目指していますが、それだけで終わっては意味がありません。ターゲットの気持ちを高揚させて、思わずショールームに行きたくなるストーリーにすることが大切でした。

ＤＭの中身は「ＢＭＷ５シリーズの魅力を紹介した小冊子、ショールームへの招待状、招待状の裏に来場者への特別オファーとプライスリスト」というシンプルな構成です。

まず小冊子ですが、表紙には「ゴルフとＢＭＷ。スポーツする歓びを、ＢＭＷショールームで」というキャッチフレーズが書かれていて、扉ページには「ＢＭＷ５シリーズとゴルフ。このスポーツには共通点がある」という書き出しで始まっています。つまり、ゴルフの話の中で、ＢＭＷ５シリーズとの類似点を紹介して、結果としてクルマのよさをアピールするという作戦です。

たとえば、「ドライバーのヘッドはウッドからメタル、チタン合金へと変化し、より遠くへ、正確にボールを飛ばすように進化した。一方、ＢＭＷも絶え間ない技術革新によって、より低燃費で遠くへと航続距離を伸ばし、さらに正確なコントロール性能を生んだ」というように、コピーにもゴルフとの関連性を重視したのです。

ショールーム当日は、有名なゴルフメーカーのパターを用意し、試し打ちをしながらパターゴルフのゲームが楽しめ、ゲーム成功者には同ゴルフメーカー製の「ＢＭＷロゴ入りのゴルフボール」をプレゼントしました。

さらに、同メーカーのゴルフクラブの無料貸し出しとともに、ゴルフ場への移動用として、ＢＭＷ５シリーズも無料でレンタルできる特典まで用意したのです。

おそらく開封率100%だったと思われるゴルフボールDM

「なんと豪勢な特典だ！」と思われるでしょうが、もちろんこれはクロージングのための戦略です。ゴルフメーカーにすれば商品の貸し出しによって、BMWのリストから有望な顧客を紹介してもらえ、さらに自社の製品を試してもらえるという、得難いメリットがあるからです。そしてBMWからすれば、一流のゴルフメーカーとタイアップすることで顧客に高揚感を与え、さらに新しいBMW5シリーズの試乗で製品の魅力をダイレクトに実感してもらうことで、クロージングへと結びつけることができるわけです。

あなたのビジネスパートナーは必ず同じ町内で見つかる！

ここでまた「BMWだからできるのでは？」と誤解されるかもしれません。

確かに、一流のゴルフメーカーとタイアップできたのはBMWという一流ブランドだからでしょう。しかし、この戦略は街の商店にだって応用することができるはずです。

たとえば、あなたが街でマッサージサロンを経営しているとします。

タイアップする相手はヘアカットサロンとしましょう。ターゲットは専業主婦でパートタイムで働く女性とします。趣味は、一般的にこのターゲットが考えていそうな「アンチエイジング」。DMでは、「アンチエイジングに効果があるフェイスマッサージを特別価格でお試しになりませんか?」という表現で、DMのビニール窓から「フェイスマッサージオイルのサンプル」が見えているという寸法です。

そして、来場者には「ヘアカットサロンのアンチエイジングカット(若く見える髪型)がお試し価格になる特別クーポンをプレゼント」といった感じでしょうか。もちろん、ヘアカットサロンにも、マッサージサロンへ誘導する仕組みをつくり、交互で顧客を紹介し合うという戦略が考えられます。このように考えれば、決してこのDMの戦略は手の届かないものではないとおわかりいただけるはずです。

〈ターゲット攻略　4つのポイント③〉

- ・ライフスタイルや趣味に合わせてストーリーで語れ!
- ・タイアップ戦略で、交互に顧客を紹介する。

DMのペラ1枚を変えるテストマーケティング

さて、見込み客についていろいろ考えてきましたが、顧客リストを見たり、ターゲット像を推察したりしても、実際のところ、DMを打ってみないと結果はわからないというのが本音です。プロである私を含め、DMの制作を請け負っている広告代理店でも本音は同じだと思います。

そこで、本書を読み終わって、実際にDMを打つようになったら、ぜひ、少しずつアプローチを変えて、どんな施策で集客すれば効果があがるかをテストしてほしいのです。

実際、**ダイレクトマーケティングにおいてテストはとても重要なステップです。**

Webでクロージングページに呼び込むためのLP（ランディングページ）はそのい

い例でしょう。ＬＰとは、たとえば、楽天の商品ページのように、１ページなのにいくらスクロールしてもずっとコピーが書かれているページです。必ずクロージングページに飛ばすための大きなボタン（「購入」「資料請求」など）が目立つように表示されています。

ＬＰは１度作ったら終わりということはありません。冒頭のヘッドライン（大きな文字）や、イメージ写真、今だけの特典など、クロージングに影響する要素を少しずつ変更して、テストを重ねていき、クロージングの量が一番多くなるように仕上げていくのです。

Ｗｅｂの場合は低コストで頻繁に修正することが可能ですが、ＤＭの場合はデザイン変更や印刷の際にそれなりの費用がかかってしまいます。

そこで、**DMに入れるペラ1枚だけを数パターン用意し、配布するエリアごとに変えていく**という手法を紹介したいと思います。

たとえば、来場してくれたお礼として用意する特典を「ペラ１枚」に集約して、配布するエリアごとに差し替えていくのです。そうすれば、どの特典が一番集客に結びついたかをテストすることができます。もちろん、その際はエリアごとに同数の枚数を配布しなければ、正確なデータが得られませんので注意してください。

それでは、もう少し具体的に考えてみましょう。たとえば、ヘアサロンだとしてエリアを3つに分けて特典ペラを差し替えてみましょう。

①傘などの季節商品
②トリートメント無料券
③施術の10パーセント割引券

こんな感じで特典を差し替えたとします。こうして、どの特典が最も集客に結びついたかをテストし、特典にかける予算も考慮しながら一番効率のよい特典を考えるのです。

ちなみに、私の経験上、最も効果の高かった特典は「金券」でした。金券ショップに持参すれば現金に変わるものは、どうしても集客力が強くなるからです。

だからといって、金券を推奨することはできません。なぜなら、金券で集客された顧客は、あなたの商品やサービスに魅力を感じていない可能性があるからです。

では、逆に優良な顧客を呼び込む特典とはなんでしょうか？

ずばり、それはあなたの商品やサービスに関連したものになります。

一番簡単なのは、例にも挙げた「トリートメント無料券や10パーセント割引券」といった類ですが、これで懸念されるのは、**あなたの商品やサービスの価値を低めてしまう可能性がある**ことです。「あのときは無料だったトリートメントに2000円払うのはバカバカしい」と思われてしまっては残念なことです。

そこでおすすめなのは商品やサービスに関連する品物。

たとえば、自動車メーカーなら、車内用クッションといった記念品です。自動車メーカーの来場記念品にこの手が多いのはこういう考え方をベースにしているからです。

狙いたいターゲットに応じて使い分ける

ペラ1枚を差し替えることでテストを行う戦略は、来場特典だけに限ったことではありません。集客したい日、つまりイベント日をターゲットによって変える手法です。

たとえば、顧客リストに小さなお子さんの有り無しという項目があれば、その見込み客を狙ったイベント日を組むことができるでしょう。

街の歯医者さんなら、「お子さんが嫌がらずにきれいに磨ける、ブラッシング教室」

というイベントにして、お子さんの定期健診需要を狙う戦略です。

さらに高齢者ターゲットであれば、「間違えていませんか？　入れ歯のお手入れ方法。わかりやすくご説明する特別な日へ」といったアプローチで、高齢者の方の定期的な歯の治療などを取り込めるイベントも可能です。DMに入れる小冊子を使いまわしながら、ペラ1枚でいろいろなアプローチができるわけです。

この方法はある意味、この本で推奨している「封筒から最後まで、一貫したストーリーを構築してDMを作る」という点ではイレギュラーです。なぜなら、本来の趣旨なら小冊子も、それ専用に作ったほうが効果が最大化されるからです。よってペラ1枚作戦は、あくまでテストする手法だと思ってください。テストの結果がよかったアプローチは、次のステップとして専用のDMを作ることをおすすめします。

ペラが入っていることがわかるように見せ方を工夫する

このペラ1枚作戦での注意点というか、効果をなるべく最大化する方法としては、D

Mの封筒からこのペラが見えるようにすることです。

紙封筒にビニール窓を作ったり、封筒自体を透明ビニール製にすることで、ペラのキャッチフレーズを見えるようにすれば、どのような内容のDMかすぐわかります。

先ほどの歯医者さんなら「お子さんが嫌がらずにきれいに磨ける、ブラッシング教室」というキャッチが封筒から見えれば、開封してもらえる可能性が高まるわけです。

また、ペラは小冊子などの内容物の中では目立ちにくいので、目立つ紙色を使用したり、文字を大きくするなどデザインにもインパクトを持たせるようにしてください。

窓あき封筒の場合には、ペラのサイズが小さすぎると封筒の中で動いてしまい、キャッチフレーズが窓から見えないことも起こるので、デザインは気をつけてください。

〈ターゲット攻略　4つのポイント④〉

- テストを繰り返し、ターゲットに一番効果のある戦略を探れ！
- ペラ1枚でいろいろなアプローチができる。

〈中小企業や個人商店の方へのヒント①〉

施策が思いつかなかったら、脚本家になってみる

この本は普段、広告代理店と付き合いのない中小・零細企業や個人商店の方にこそ、そのマーケティング手法を紹介したいという思いで書きました。

タイトルに「小さな会社」と入れたのも、その思いの表れでもあるのです。その気持ちを深めるために、各章の終わりにコラムとして、皆さんのためにメッセージを送りたいと思っています。

今回の第1章は「ターゲット」でした。

今までにも書いたようにマーケティング、すなわち集客を考えるうえでターゲットを見極めることは大変重要になります。DMで言えば、顧客リストの完成度と、それを使いこなす戦術が必要になることもお話しした通りです。

さて、ターゲットや見込み客などと呼ぶと、なんだか難しく、その実像が見えにくく感じたのではないでしょうか。

そこでドラマの脚本の手法にも使われている人物のプロフィールを書く方法をご紹介

します。

顧客リスト上では、「名前・年齢・住所・仕事・家族構成・趣味」というように、スペックだけで人物のイメージが浮かび上がりにくいと思います。そこで、見込み客と考えるのではなく、ある物語の登場人物として、そのプロフィールを作ると考えてみてください。なんだか、そう考えるだけでワクワクしてきませんか？

たとえば、顧客リスト上では、「名前・小池恵子　年齢・42歳　住所・東京都世田谷区　仕事・パートタイム　家族構成・夫と娘（小学3年生）　趣味・読書」だったとします。

ここから、次のようなプロフィールを作ってみました。

私の名前は、小池恵子（42）。

専業主婦というと暇を持て余してゴロゴロしていると勘違いされてしまうけれど、なかなか毎日は忙しい。朝昼晩の食事を作ったり、掃除をしたり、洗濯をしたり……。まあ、食事は出来合い物を買ったり、掃除はロボットがやってくれたり、洗濯は乾燥まで全自動を使ったりと手抜きはしているものの、小学校でのＰＴＡではついに逃げ切れず役員になってしまった。これが、何かあるごとに集まりがある。

パートでも最近、学生バイトが少ないせいか、しょっちゅう店長からシフトに入ってくれと連絡がくる。

ゆっくり読書もできやしない。最近、イラついているせいか肌もカサついていて……、私にはきっと癒しが必要なのだと思う。


どうでしょうか？　こんな人、あなたの周りにもいるのではないでしょうか？

この人をヘアカットサロンに集客するとしたら、どのような施策を思いつきますか？

たとえば、「今週末は、普段、忙しい貴女のためにヘアカットとともに、10分間の無料マッサージをお付けします。ヘアも、心も、身体もリフレッシュしてください」とか、「女性誌の最新号がたくさん揃っています！　ヘアカットとともにゆっくり読書をお楽しみください」とか……。

人物像がクリアに見えると、施策も具体的に見えてきたりします。

施策のアイデアに行き詰まったら、ぜひ、試してみてください。

第2章
アテンション

DMは開封されなければ、
即、ゴミ箱行き!
1秒以内に興味を持ってもらうには
どうする?

もしクルマのキーがいきなりDMで送られてきたら!?

この章は「アテンション」、つまり「注意を引く」ということをお話ししたいと思います。

新聞・雑誌広告ではビジュアルとキャッチフレーズによってアテンションを引きます。

まさにキャッチフレーズというように、見る人の視線をキャッチして、最も言いたいボディコピー（長い文章）に誘導するわけです。

DMの場合はどう考えたらいいでしょうか？

もうおわかりだと思います。そう、**封筒こそがこのキャッチに当たる**ものなのです。

つまり、封筒は中を見てもらうために最も重要なものといっても過言ではありません。

ここでは、私がDM大賞の金賞を受賞した例をご紹介したいと思います。クライアントはBMWで、新しいBMW5シリーズの発表イベントへ集客するためのDMです。そのDMは縦15㎝の小箱サイズで、窓からBMWのキーがのぞいているという仕立てでした。これを受け取った方は、「なぜ、BMWの鍵が送られてきたんだ！」と驚くに違いありません。

小箱には、「この鍵をショールームにお持ちください。かつてない試乗体験をご用意しました」というキャッチフレーズが入っていて、その下には大きな文字で「New BMW5シリーズ　デビュー」と続くのです。

実は、このクルマのキーを使ったDMをBMWではずいぶん前から行っていました。クルマのキーが試乗するためのチケットとして、さらには抽選会への参加権として使われていたのです。

もちろん、キーを入れたのはDMを開封してもらうことが一番の目的です。しかしそれだけでなく、顧客の気持ちを高揚させることで試乗会への期待を高めたのは言うまでもありません。

それから何年も経ち、クルマのキーは鍵穴に入れるものから、手で触れればドアが開くリモートコントロール機能付きへと進化しました。そこで、BMWでは新しいタイプのキーDMを制作しようと考えたのです。使い方はキーが試乗会の参加権となることは同じなのですが、実はこのときのキーはＵＳＢメモリになっていて、コンピュータに差し込むと、Ｎｅｗ ＢＭＷ５シリーズの魅力を紹介したコンテンツがモニターに映し出されるという寸法だったのです。

このキー型ＵＳＢメモリにはもう１つ大切な機能が用意されていました。それは、Ｎｅｗ ＢＭＷ５シリーズを試乗するときに、このＵＳＢメモリを使って音楽が楽しめるというものです。５シリーズの「５」に合わせて、ジャズ、クラシック、ロック、邦楽、ハウスという５つのジャンルの曲を収録して、ドライブしながら音楽を楽しめるという作戦です。つまり、この特典によって、顧客にＮｅｗ ＢＭＷ５シリーズにはＵＳＢメモリの挿入口があり、音楽データを読み取って音楽の再生までできることを知らせるとともに、さらにそれを実体験させてしまったわけです。

ここまでこだわり抜いたクリエイティブを採用してもらえたのも、ＢＭＷという妥協しないブランドだからこそと、今でも感謝しています。

ＢＭＷというクライアントに出合っていなければ、私の人生はもっとつまらないものになっていたと思います。ＢＭＷは常に「新しいアイデア」を私たちクリエイターに求めてきました。それが私たちを成長させ、クリエイティブに対して誰よりも貪欲にさせてくれたのだと思っているのです。

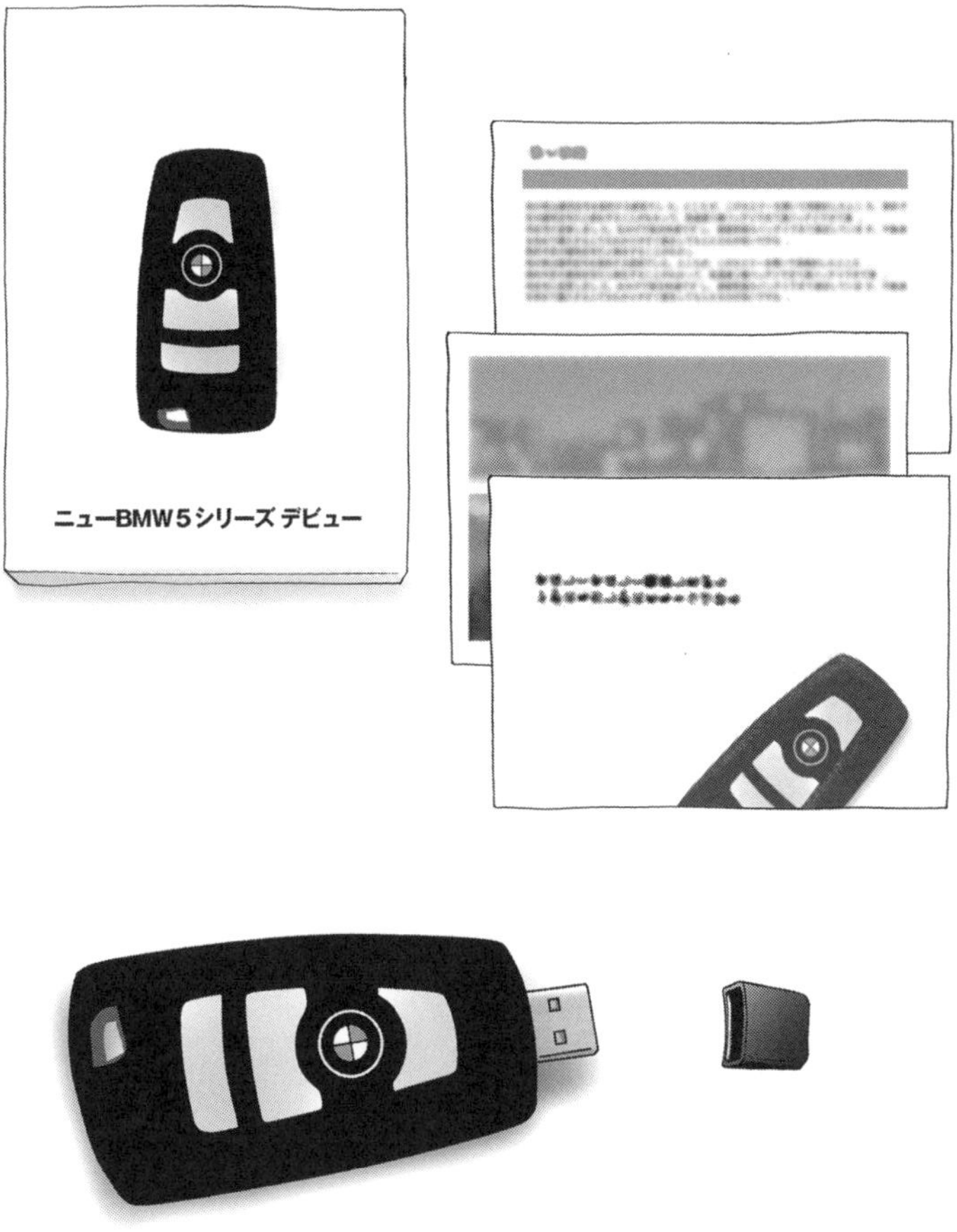

USBメモリはPCとクルマの両方で利用できる

思わず開封したくなる2つの方向　その①「異物感」

私は、受け取った人に封筒を開かせるには2つの方向があると思っています。

1つ目の方向は「異物感で開けさせる」ということ。

先ほどのキーを封入したDMはまさにこのタイプでしょう。この異物感というのは、私が広告代理店に勤めていたときに自然発生的に生まれた言葉で、マーケティング用語ではありませんが、的を射ている言葉だと思い、日常的に使っていました。

たとえば、「レギュラーコーヒーを抽出するコーヒーバッグ（ティーバッグのようなもの）」を入れた記憶もあります。これもBMWだったのですが、封筒の窓から「コーヒーバッグ」が見えていて、「1日コーヒー1杯分のお支払いで、BMWに乗れる」というようなキャッチフレーズが入っていました。

当時、残価設定型ローンのバリューローンというファイナンス方法をBMWが業界でいち早く導入して、このサービスをアピールするDMを打ったというわけです。

この残価設定型ローンというのは、車両価格からあらかじめ3年後の下取り価格を引いた金額で新車に乗れるシステムです。3年後はクルマの返却か、残りの残価を改めてローンで支払うかを選ぶことができました。

たとえば、280万円の新車の3年後の下取り価格（残価）が180万円だとします。顧客はこの残価を差し引いた100万円を12カ月×3年＝36回払い、さらにボーナス月には10万円の支払いを加算するとして、［100万円－10万円×6回（ボーナス月）］÷36＝月々約1万1000円。さらに31日で割ると、1日約350円となります。

ローン金利も新車登録時の諸経費も別にしてざっくりと計算した金額ですが、まさに1日あたりスタバのコーヒー1杯分のお金でBMWに乗れるということが言えたわけです。

この「異物感のある物」を入れるという戦略は、街の商店でも使えるのではないでしょうか？

たとえば、あなたがお花屋さんだったとして、「もうすぐ母の日です。事前のご予約がお得になっています」というメッセージとともに、カーネーションの押し花が封筒からのぞいているとします。封を開けると花のさわやかな香りまでして、案内状を読んでいただくという寸法です。

もう少しお金をかけられるのなら、先ほどのBMWほど手が込んでなくても、USB

メモリを入れるのもありでしょう。今なら、コストも下がり8GBなら400円以下で手に入れることもできます。

たとえば、Webの制作会社が新規で顧客を開拓するときに、自社で作ったWebの作品集を紹介した動画データを入れるなども考えられます。多少、お金がかかっている感のあるDMなら、開封率は高くなるし、とりあえずメモリとして使えるのだから取っておこうという気持ちも働くと思います。

ただし、しっかりとした挨拶状は必要でしょう。見ず知らずの人から届いたUSBメモリを、いきなり自分のコンピュータに差し込む人は少ないでしょうから。

思わず開封したくなる2つの方向 その②「個人宛の手紙感」

開封させる2つ目の方向は、**「個人宛の手紙感で開けさせる」**です。

この本の最初のほうで述べたように、究極のDMとは個人宛に書かれた手紙です。直筆で書かれた宛名が、自分の名前なら、たいがいの人は気になって封を開けて読むと思います。

さてここでは「手紙感」と、あえて「感」を入れたのにはわけがあります。それは、「手紙を書けばよい」というのが、この方向の趣旨ではないからです。「個人宛の手紙感で開けさせる」は、言葉を変えると「あなただけ感によって開けさせる」ということでもあります。

たとえば、郵便ポストの中に何通かDMが届いていたとします。

先ほどの話の通り、手書きの手紙は必ず捨てずにいるでしょう。そして、見るからに売り売りの派手なDMは中身も見ずに「また来たよ」と言ってゴミ箱行き。

そして残るは、何だと思いますか?

そう、請求書です。ほとんどの請求書は白封筒でシンプルなつくり。売り売りな要素はまったくありません。

では、なぜ、中を開けるかというと、「来月にいくら口座から引き落とされるか」という、自分にとってかなり重要な「あなただけ感」のある内容が書かれていると知っているからです。

この顧客心理を上手に突いているのが、クレジットカード会社からのタイアップDMです。皆さんも、クレジットカード会社からの請求書のお知らせだと思って開封したら、実は生命保険の案内だったということが1度は経験があるのではないでしょうか。

これは保険会社などがクレジットカードの顧客リストを使って、保険の勧誘をするものですが、上手なのはそのDMの見栄えが、いつもの請求書と同じということです。しかし、封筒をよく見ると、「〇〇クレジットカードをご利用の方へ特別なお知らせです」と、さりげなくいつもの請求書とは違うことが書かれていて、さらに「この特別なプランは〇月〇日までの期間限定です」と、期限を作ることでクロージングをあと押しするといった感じです。

つまり、下手に**デザインされた封筒よりも、シンプルな白封筒のほうが開封してもらえる可能性が高い**ということなのです。

「あなただけ感」を醸し出すアイデアとは?

そういえば、BMWでは、このようなDMを作ったことがありました。それは、海外からのエアメールをコンセプトにしたDMでした。20年以上前の企画だったので詳細は覚えていないのですが、「BMW本社のドイツから日本のショールームイベントへ招待状が届いたら驚くのではないか」という発想でした。

封筒は、いかにもエアメールらしい青と赤の縞模様に縁どられ、中身にはドイツ本社からの挨拶が和英併記で書かれているのです。日本で印刷したこのDMをわざわざドイツまで広告代理店の営業担当者が運び、ドイツから日本の顧客へエアメールで投函したという、今から考えたら、なんともクリエイティブなDMでした。

確かに手間がかかったDMですが、この戦略のポイントは、「わざわざ海外からあなた宛に招待状が届いた」という「あなただけ感」を押し上げる点にあります。

この手法を街の商店でやるとしたらどうでしょうか？　一番安上がりで、一番効果のある方法をお伝えします。

それは、**顧客1人ひとりに手書きで、そのお客さんのことを思いながら、文字通り手紙のようなDMを発送する**ことです。これは大量に配布する大企業のDM戦略では不可能な方法であると同時に、実に効果が高い方法となります。この本でも、実例をあとでご紹介しますので楽しみにしていてください。

「あなただけ感」というのは、言葉を変えれば「あなただけ、ひいきします」ということでもあります。それは封筒のキャッチフレーズ1つで表現することも可能です。

たとえば、ＢＭＷなら「既存オーナー」に対して、通常の一般イベント前に、ニューモデルをお披露目するプレイベントを開催するとします。封筒は、シンプルに白封筒で、キャッチフレーズには「ＢＭＷオーナーのあなた様だけに。一般発表前のニューモデルに出会えるシークレットイベントへご招待」というように、「あなた様だけ」「一般発表前」「シークレット」といった言葉を散りばめて、「ひいき感」を高めるのです。

「あなただけ感」はアイデアを考えるうえで、１つのより所になります。自分のＤＭが「封筒を開けてくれるのか？」と疑問を持ったら、「あなただけ感があるか？」を見つめ直してみるとよいと思います。

封筒を開かせる2大原則

原則①「異物感」で開けさせろ。

原則②「個人宛の手紙感」「あなただけ感」で開けさせろ。

「ゆうメール」を活用して雑誌を発行してみよう

一般社団法人日本ダイレクトメール協会の調べでは、DMの発送方法が従来の広告郵便から、A4サイズが送れる「ゆうメール」にシフトしているようです（76〜78ページで詳しくご説明します）。

具体的には、2013年から2017年の推移を調べたところ、広告郵便が12パーセント減に対して、ゆうメールは9パーセント増になっていて、これは今後も続くと予想できます。

「ゆうメール」のサイズは「縦34㎝×横25㎝×厚さ3㎝まで（1㎏以内）」。料金は

日本郵便のDM関連通数（冊数）推移

年度	2013	2014	2015	2016	2017	
広告郵便（億通）	**23.9**	**22.2**	**23.0**	**22.6**	**21.1**	**対2013 12%減**
ゆうメール（億冊）	**33.2**	**33.6**	**35.3**	**35.6**	**36.3**	**対2013 9%増**

150gまでが180円と破格であり、個々の郵便局との契約によってさらに安くできる可能性もあります。

この「ゆうメール（またはクロネコメール便）」には、サービスが始まった当初から多くの広告関係者が目をつけていて、BMWでも先陣を切るようにDMの発送に使っていました。

一番のメリットは**A4サイズ幅3㎝という厚さによって、かなりの情報量を送ることができる**という点です。ただ、昨今のDMを見ると、情報がたくさん送れるということだけに価値を見出してしまって、チラシの束を送っているだけの企業もあります。これでは届いた瞬間に「なんて紙のムダづかいだ。捨てるのはエコじゃないけど許して」と言いつつ、ゴミ箱に放り込んでしまいます。

ここで提案したいのは、あなたの会社専用の雑誌を作ってみたらということです。

BMWでは、「BMW Style」というタイトルのA4サイズ8～12ページ程度の雑誌を不定期に刊行していました。その根本となる考え方は、「自動車が好きな人は自動車専門誌をよく読んでいる。では、ＢＭＷが雑誌を刊行したら読んでもらえるのではないか？」というものでした。

雑誌である以上、企業の売りだけを話題にしたのではいけません。**「いかにターゲットが興味を持って読み進めてくれるか」**が雑誌の企画を作るうえで大切であり、もちろんＤＭなのですから、しっかりとショールームに集客できるものであることが求められます。

参考にしたのは、書店に並ぶ雑誌そのものでした。雑誌を考えるうえで、一番重要になるのは、ずばりターゲットの嗜好性です。

たとえば、同じ女性誌といっても、年代や趣味などによって、その雑誌作りはまったく異なっています。「ＪＪ」「ＣａｎＣａｍ」のように若い女性をターゲットにしたもの、「ＶＯＧＵＥ　ＪＡＰＡＮ」のようにハイセンスなファッション雑誌、「クロワッサン」のように生活情報を主体にした女性誌だってあります。

つまり、自社の商品を購入する見込み客とはどのようなプロフィールを持った人なのかを見つめ直す必要があるわけです。その点でも、自社の雑誌を作るという過程は意義が深いとも考えられます。

顧客にどんなメッセージを送るか？

ＢＭＷの場合は、「社会の第一線で活躍する、アクティブで知性のある方」というプロフィール像のもとに雑誌を作っていきました。

たとえば、２００９年に刊行した「ＢＭＷ Ｓｔｙｌｅ」の表紙タイトルは「クルマの未来を変えられるか？　今こそCO_2を考える」というもので、CO_2と地球温暖化について考えたものでした。

世界のCO_2の発生源の20〜25パーセントが自動車といわれる中、今後、自動車メーカーはどのようにこの問題と向き合うかをテーマにしたのです。その中で、地球温暖化の話をしながら、ＢＭＷの環境対策技術を紹介し、製品の魅力をさりげなくアピールしたわけです。

２００９年といえば、当時、新車購入補助制度というのがあったのを覚えているでしょうか？「燃費や排ガスで一定基準を満たした環境対応車を購入すると、普通自動車で10万円、軽自動車で5万円の補助。新車登録後13年以上の車を廃車にして環境対応車に買い替える場合は、普通車で25万円、軽で12万5000円の補助が受けられる」という、いわゆる「エコカー補助金」があったのです。

実は、「CO_2と地球温暖化」をテーマにしたのは、BMWが環境対応車をラインアップしていて、新車購入補助制度も利用できることを言いたかったわけです。

「BMW Style」の例をもう1つ挙げると、「試してこそわかる価値がある。実感主義」というタイトルの号もありました。

これは、有名な建築家、ピアニスト、パティシエなどに誌面で登場してもらい、そのインタビューを通して、「実際に体感しないと、本当の価値はわからない」ということを語ってもらったのです。

たとえば、建築家の場合は「仕事を依頼されたとき、必ず現地を訪れ、オフィスではわからない、そこで暮らす人々の気持ちや伝統、文化を感じ取るようにしている」というコメントを紹介しました。

そして、この「実感主義」というテーマによって、BMWのテストドライブへとつなげていったのです。つまり、「BMWの本当の魅力は実際に運転してみないとわからない」ということを伝えたかったわけです。

単なるPRではなく「読み物」として楽しめるようにする

さて、この雑誌風DMですが、コツを1つご紹介すると、**「最初のページ、または数ページでは自社の商品やサービスの紹介をしない」**と決めておくことです。そのように決めておけば、顧客に「売り売りの小冊子ではない」と印象づけることができ、制作するあなたも、「読み物としての雑誌」を真剣に考えるからです。

もちろん、最終的には自社の商品やサービスをアピールして集客するのですから、その流れを踏まえたうえで、テーマを決めていく必要があります。難しく考えずに、遊びのつもりで取り組んでください。そのほうがいいアイデアが生まれてきます。

では、もう少し身近な例を挙げてみましょう。

たとえば、オーガニック野菜を栽培している農家さんとします。目的は通販での野菜などの販売です。顧客リストはホームページに問い合わせのあった見込み客や、近辺の住宅地に住む方とします。体裁はA4サイズで8ページ程度としましょう。

テーマは「オーガニックって、そんなに違うの？」というのはどうでしょうか？

普通の人たちは「オーガニック＝無農薬、または低農薬程度」の知識しかありません。実際、どのような効果があり、たとえば「アトピーに効くとか、栄養価が高いとか、ずばり美味しいとか」そういうことを知りたいのではないでしょうか。自社の宣伝というスタンスではなく、一般の人が知りたい話を紹介していくのです。

違う切り口としては「世界のオーガニック料理10選」なんていう企画も面白いですし、そこにレシピなんかをあわせて紹介すれば、読んでいる側も料理してみたくなり、その材料としてオーガニック野菜が欲しくなります。

もっと言えば、その農家さんが東京の青梅の方だとしたら、「○○だけが知っている、青梅の絶品グルメマップ」というテーマで、近隣の商店や果樹園さんにも参加してもらい、雑誌を作るのも面白いでしょう。それが出発点になって、共同でのイベント開催などにも発展していく可能性だってあります。

雑誌風DMの魅力はほかにもあります。それは、あなたが雑誌編集者を体験できることです。誰もが1度は、「雑誌を作りたい」と思ったことがあるのではないでしょうか。雑誌風DMなら簡単に実現できてしまうのです。しかも、このDMは「遊び心」が求められるのですから、遊ばない手はありません。ぜひ、楽しんで作ってください。

いろいろな用途に使える「ゆうメール」「ゆうパケット」

このように使い勝手のよい「ゆうメール」はネット物販でも使用が広がっています。たとえば、「ゆうメール」で送付できるものには「書籍、雑誌、カタログ、CD、DVD、カレンダー」といった主に印刷物やメディア系となります。よって、「中古の書籍」を販売しているネット物販業者も利用できるわけです。

印刷物以外でも低価格で小物を送る方法もあります。

それは、「ゆうパケット」というサービスです。3辺の長さの合計が60㎝以内（重さ1㎏以内）、厚さが1㎝以内は250円、厚さが2㎝以内は300円（2019年10月から310円）、厚さが3㎝以内は350円（2019年10月からは360円）という料金で、たとえば、帽子、Tシャツ、文房具、スマホケースなどを送ることができます。

ネット通販で注文したら、宅配便ではなくポストに投函されたという経験をお持ちでしょう。その理由はこの「ゆうパケット」「ゆうメール」にあったわけです。

先ほど、お話ししたように**「ゆうメール」などの料金は取り扱いのある郵便局との個**

別契約で安くなることがあり、私の知人の中には、驚くほどの低価格で契約していた人もいました。ところが、昨今の配送業者の値上げにともない、この「ゆうメール」などの価格体系も見直され、契約金額が想定以上に引き上げられたと嘆く人もいます。

料金の値上げの話はとりあえず置いておいて、ここで何が言いたいかというと、この配送方法はちょっとした品物を顧客に送るのにも有効だということなのです。たとえば、顧客にバースデーレターを送る際に、粗品をつけてこの「ゆうパケット」で送ることも有効でしょう。通常のＤＭと比べて、開封率も高くなると考えられます。

ＤＭのサイズにご注意！

郵便にはサイズ・重量の規定があるということはご存じでしょうか？

普通郵便といわれる、定型郵便は最大が「縦23・5㎝×横12㎝×厚さ1㎝まで（50g以内）」。最小が「縦14㎝×横9㎝まで（50g以内）」。郵便料金は２０１9年4月時点で、25g以内は82円。50g以内は92円で、２０００通以上の発送になると広告郵便物の扱いになり、差出通数などの条件によって、料金が8〜44パーセントの割引になります（※）。定形郵便の「縦23・5cm×横12cm×厚さ1cmまで」というサイズは意外と使い勝手がよく、圧着タイプのハガキ（中面が圧着して剥がすと倍の大きさになる）を使えば開封率も上がり、情報も多く掲載することができます。

定型郵便では収まらないサイズのDMは定形外郵便になります。

先ほど紹介したゴルフボールDMのように、厚みがあるDMは当然これに当てはまります。規格内が「縦34cm×横25cm×厚さ3cmまで（1kg以内）」。規格外が「縦60cm以内、さらに縦×横×厚さの合計が90cmまで（4kg以内）」。郵便料金は2019年4月時点で、規格内の50g以内は120円。規格外の50g以内は200円で、重さによって料金は変わっていきます。

私がBMWのDMを制作していた際は、普通ではないものばかりでしたので、発送をお願いする郵便局にサンプルなどを持ち込み、実際に受けてもらえるかを尋ねていました。

印刷が終わって、いざ発送という段になって「この郵便物は受付できません」と言われてしまったら大変な損失になってしまうからです。もちろん、クライアントにも多大なご迷惑をかけてしまうことになり、このステップは飛ばすことができませんでした。

ちなみに、定形外郵便の規格外のDMで「縦×横×厚さの合計が90㎝まで」に収まっていても油断はできません。日本郵便が気にするのは「このサイズで通常のポストに入るのか？」ということだからです。

個人宛の郵便物なら多少ポストに入らないサイズでも、ベルを鳴らして手渡しで届けてもらえるかもしれませんが、何万通にもなる広告郵便なら話は別です。ですから、「これって危なくない？」というDMに関しては、企画の段階で郵便局に確認してください。

※最新の郵便物の各規定や料金は日本郵便のホームページをご参照ください。

- **「ゆうメール」を活用すれば雑誌風DMを安価に発送できる。**
- **雑誌DMは「読み物」として楽しめるものにする。**

紙DMからWebサイトやLINE@の登録に誘導する

最近、全日本DM大賞で高い評価を受けているDMの特徴の1つに、**「紙DM+インターネット」**といったメディアミックスを効果的に仕立てていることが挙げられます。

たとえば、美容液のトライアルをDMで送った化粧品会社は、実際の商品サンプルを送っただけでなく、そのあとにステップメールという、12回にわたってメルマガ（Eメール）を送ったことで成果を上げました。

メルマガでは、生活習慣や肌ケアなどの情報を発信し、それを自社のWebサイトにつなげて、顧客への教育を行いクロージングに結びつけたのです。

この方法でいいところは、事前にサンプルが封入された紙DMを送ったことで、企業や商品への関心を高め、顧客に親近感を与えたうえで、Eメールを送ったという点にあります。当然、Eメールの開封率は上がり、その勢いで自社のWebサイトへの誘導もスムースに行えたでしょう。

インターネットの媒体をEメールではなく、LINE@にするということも考えられます。

序章で、20代男性の場合にはDMを受け取ったあとのアクションとして、「インターネットで調べた：22・4パーセント」が最も高いと述べました。

この場合、インターネットといっても、PCではなくスマートフォンを利用した可能性が高いのではないでしょうか。

そこで、20代男性がターゲットならLINE@登録用のQRコードをDMに載せて、LINE@からなんらかのオファーを送り、イベントへの集客をあと押しするという戦略も考えられるでしょう。

LINE@には次の特徴があります。

①Eメールのように登録した顧客へ一斉にメッセージを配信でき、クーポンなど、メッセージ以外のコンテンツの配信も可能

②国内のみで30万件以上の店舗や企業がアカウントを開設している

③1000通までのメッセージ配信を無料で行える（※5000人以内までは5400円／月（ベーシック）、10万人以内は2万1600円／月（プロ））

最近、LINE@の利用が増えているのは、**Eメールに比べて圧倒的に開封率が高い**ことにあります。すでにLINEを使っている方ならわかると思いますが、SNS経由のメッセージは個人宛感が強く、ついつい開いて確認するという特徴があるからです。

また、解除の方法が少し面倒で、ついそのまま残してしまうという裏事情もあります。

LINE@、SMSの利用は「もろ刃の剣」

LINE@と同じように、私が個人的に効果のある方法と考えているのは、携帯電話の番号に付随したSMS（ショートメッセージサービス）です。あなたも、電話で通じなかった人にSMSで連絡したり、または連絡を受けたことがあるのではないでしょうか。

ＳＭＳは、さまざまなサービスのアカウント認証にも使用されており、「ＳＭＳ＝大切な連絡」という構図が出来上がっています。

実は最近、このＳＭＳを使って一斉送信できるサービスが出てきました。

つまり、携帯番号を登録すれば、その登録先へコンピュータを使って一斉にメッセージを送信できるのです。ほぼ１００パーセントの開封率ではないかと思います。

ネットで「ＳＭＳ一斉送信」などで検索すると、さまざまなサービス業者を見つけられるので、興味をお持ちの方は調べてみてください。

さて、**LINE@も、このSMS一斉送信も、使用に関しては「もろ刃の剣」である**ことも述べておきます。

それは、この媒体がかなり個人宛感の強い媒体だからです。つまり、あまりに「売りのメッセージ」を送ったり、頻繁に送信を繰り返すと、顧客から「なんてウザい会社なんだ！」と、逆に反感を買ってしまう恐れがあります。

こうなっては苦情の電話まで来てしまうかもしれません。よって、「ここだ！」というタイミングで、しかも受け取った顧客がメリットを感じるメッセージに限っての使用がよいと思います。

たとえば、イベント前日に、「明日はイベントです。プレゼントとして○○○もご用意しました。お気軽にお立ち寄りください」といった感じでしょうか。

小さなお店のための紙DMとLINE@の合わせ技

さて、「紙DMだけでは終わらせない戦略」について話しましたが、ここでも街のお店での具体例を挙げて考えてみましょう。

先ほど述べましたように、20代男性ターゲットを想定しましょう。たとえば、街の古着ショップはいかがでしょうか。古着屋さんの繁忙期は春と秋だそうです。

確かにこの時期になるとファッションが華やかになると同時に、多くの人が衣替えを考え洋服ダンスの整理をする時期です。いらない服を処分したりするでしょうし、新しい服が欲しくなったりもします。つまり、古着屋さんに持ち込まれる服が増えて、新しい商品がお店に並ぶことにもなるわけです。

しかし、こういうことは一般の人は知らないことですよね。

そこで、DMで「知ってますか？　この時期はお買い得な古着と出合えるチャンスです」といった切り口で、先ほどの話をしてみるのもいいですし、さらに「古着を高く売るヒント」のように、古着を売りに行きたくなる情報も入れれば、「古着を売って、そして買ってくれる」という好循環も生まれる可能性があります。

そして、DMにはLINE@のQRコードを入れておき、たとえば「5パーセント買取アップクーポン」などを配布してもいいでしょう。

さらには、「レアものジーンズ」といった目玉商品を写真とともに紹介するなど、上手にスマホと連動させながら集客をはかるという感じです。

ユーチューブに誘導して動画でアピールしてみよう

もう1つ紙DMと連動させて面白そうなものがユーチューブです。

これからは、ギガ無制限時代になり、さらに動画へのニーズが高まると予想されています。さらに言えば、情報媒体として最も情報量を多く配信できるのも動画です。動画は、音声、映像はもちろん、そこに登場している人のキャラクターや、店舗内の雰囲気まで伝わる媒体だからです。

たとえば、先ほどの古着屋さんのDMの例で言ったら、店長さんのユーチューブチャンネルへの登録をうながすのです。

定期的に「レアものジーンズの相場とは？」「古着を高く売るヒント」のようにテーマを決めて動画を配信します。

古着好きの顧客にとっては有意義な情報でしょうし、お店への親近感も高まり、出演している店長さんへの好感度も上がるはずです。そういうチャンネルを持っていれば、セール情報などのインフォメーションを無料で見込み客に配信することができます。

ユーチューブにチャンネルを持っている意義はほかにもあります。

ユーチューブはヒカキンさんなどのユーチューバーがその動画の面白さによって、視聴者を増やしてきましたが、その視聴者は子どもやティーンズが多く、購買層には決して強い媒体ではありませんでした。そこで、ユーチューブの親会社であるグーグルは「ただの面白いチャンネル」から、「大人が視聴したがるチャンネル」の拡大に向けて戦略を練りはじめたわけです。私自身、一時期グーグル社内でのプロジェクトに参加させていただき、担当者の方からいろいろなお話をうかがっていました。

つまり、**ビジネス系のチャンネルは今後、伸びていく可能性が高い**ということです。何かのビジネスに特化したチャンネルは、特化した分野のリーダーとして視聴者に認知される可能性があります。そういう意味でも、早めにユーチューブチャンネルを作り、DMでもチャンネル登録をうながすのは素晴らしい戦略となるのです。

たとえば、司法の世界では無名の弁護士さんがいち早くユーチューブで発信したことで、ネットの世界ではその人が弁護士界の第一人者として認知されています。その人がほかの弁護士さんに比べて優れたスキルがあるかどうかも関係ないのです。

必要なのは、誰よりも早く発信することと、視聴者に楽しんでもらえる工夫をすることです。このチャンス、ぜひムダにしないでください。

- **DMからWebサイト、メールマガジンやLINE@への登録に誘導することで顧客との接点を増やす。**
- **紙DMとSMSやユーチューブとの連携が伸びていくと予想される。**

〈中小企業や個人商店の方へのヒント②〉

お金がなくても、アイデアだけで十分、勝負できる！

この章では、「封筒を開かせる2大原則」をお話ししました。
復習すると次の通りです。

原則①　「異物感」で開けさせろ
原則②　「個人宛の手紙感」で開けさせろ

①の「異物感」で開けさせる方法では、それほどお金をかけなくても、たとえば、押し花のようにちょっとしたものでもよいというお話もしました。

このコラムのテーマは「お金ではなく、アイデアで勝負」となっていますが、以前、本物のお金を使ったDMを見たことがあります。封筒から5円玉がのぞいているというアイデアで、とりあえずお金を粗末にしてはいけないという思いから開封したのを覚えています。

5円玉は「ご縁がありますように」の「ご縁」と「5円」をひっかけて、神社のお賽銭などにもよく使われるので、「お客さまとこれからもご縁が続きますように」というアイデアだったのでしょう。

でも、皆さんは「このアイデアが面白いから真似しよう」などとは思わないでください。罰則規定はないものの違法です。郵便局から返送されると思いますので、やめておいたほうが無難でしょう。私が見たDMも大昔のことで、郵便局が見落としたのだと思います。

ただ、アイデアの方向性としては悪くありません。お金をかけなくても、ちょっとしたアテンションを与え、異物感があり、あなたの商品やサービス、または今回のDMのストーリーに合ったものを探してみてください。それを考えることこそ、面白いのです。

たとえば、これも単なるアイデアですが、心療カウンセラーが休眠客に対するDMを送るとして、封筒から「バンドエイド」がのぞいているとします。

何かと思って、封筒を開けると「心に傷を負ったら、いつでも訪ねて来てくださいね」というメッセージが書かれているという寸法です。

バンドエイド1枚なら、数円というコストでしょう。それを入れるか入れないかで開封率は変わり、封筒の中に書かれているものへの興味もまったく変わってくるのです。

ちなみにこの場合、「心に傷を負ったら〜」というメッセージは必ず封筒の外側からは見えないようにします。というのも、同居している家族に心療カウンセリングを受けていることが知られないようにする配慮だからです。

②の「個人宛の手紙感」では、手書きのDMが効果のあることをお伝えしました。その成功事例はかなり多く、DM大賞でもたびたび受賞しているので、「お金はかけられないけれど、労力は惜しまない」という方には、ぜひ、トライしてもらいたいと思います。手書きDMの事例はこのあと詳しく解説します。

また、LINE@などの「紙DM+インターネット」の戦略も比較的低コストで実現可能です。特におすすめしたいのは、やはりユーチューブチャンネルです。オリジナルの動画チャンネルを育てることは、お金をかけずに自社の財産を作っていくことになると思います。すぐにでも始めることをおすすめします。これについても、詳しくはあとでお話しします。

第3章
メッセージ

「物語」は
最高のマーケティングツールだ！
クロージングへとつなげる
展開の極意

顧客はどういう心理で、ものを買うのだろうか？

人にメッセージを伝えるうえで、最も効果的な方法はなんだと思いますか？

その方法とは、ずばり、**物語にする**ことです。

たとえば、人類史上、一番多く読まれている物語は「聖書」です。私は残念ながらキリスト教徒でなく、どちらかというと宗教への興味が薄い日本で育ったせいか、聖書について詳しくは知りません。しかし、キリストがどのようにして、十字架にかけられ、それがどういう意味を持っているのかは知っています。

もしも、「聖書」という物語なしに、信者の人たちにキリストへの尊敬を集めるにはどうしたらよいでしょうか？　言葉を変えれば、キリストという人物をブランディングするとしたら、どうすればいいと思いますか？　「聖書」という物語なしでは、ちょっと、その方法は考えつかないでしょう。

キリスト教が布教しはじめた当時は、どの国でも識字率は低かったでしょうし、「聖書」が読めなくても、その物語は絵画と聖職者の語りによって、一般の人たちに広めることができました。そういうことを考えても、やはり「物語」こそが、ブランディングするうえで最適なツールであったことは間違いありません。

実は、マーケティングの世界でも、**物語こそが最強のマーケティングツール**だということは知られています。特に企業やブランドの価値を構築するブランディングの際には、「物語」が強力な武器になり得るのです。

もしも、アップルにスティーブ・ジョブズというカリスマが存在せず、創業から今日に至るまでの逸話がなかったとしたら？　それをブランディングの材料として使わなかったとしたら、アップル製品に対する顧客の愛情はこれほどではなかったでしょう。新製品のｉＰｈｏｎｅを買うために泊りがけでショップに並ぶという光景も見られなかったのではないでしょうか。

ここから本題のＤＭに戻りたいと思います。

さて、DMにおいての物語とはなんでしょうか？

冒頭でも語ってきたのは、DMには一貫したストーリーが必要だということでした。このストーリーが物語ということですね。そして、その物語は当然のことながら「封筒」からスタートするわけです。

たとえば、自動車メーカーが「車中泊のメーカー用品」をアピールするため、対象車の既存オーナーに向けたDMを送るとしましょう。封筒では、「冒険旅行へ出かけませんか？」というメッセージが印刷され、さらに、なんのDMかを知らせるためにサブキャッチで「車中泊キット・ラインアップ」としましょうか。

対象車がファミリーカーであるなら、封筒には「自然の中で遊ぶ子どもの写真」などを印刷すれば、「家族で連休にどこかに行きたいと思っていた」などと、顧客の心理にすっとハマるかもしれません。

封筒で顧客の感情をくすぐったとしても、封入物の小冊子ではいきなり「当社の車中泊キットの紹介」として、カタログのように商品が並んでいたとしたら、どうでしょうか？　何か「売り売り感」が強いように思われますよね。

顧客心理を表す「販売における3大原則」

ではここで、マーケティングの専門的な話をしたいと思います。語りたいことは、ずばり、「顧客はどのような心理でものを買うか?」です。

マーケティングでは「販売における3大原則」というものがあります。それは、次の3つです。

①顧客は売りつけられることを嫌う
②顧客は感情的な理由でものを買いたくなる
③顧客は買うことを決めたあとに(または、買ったあとに)自分の意思決定を理性で正当化する

あなたがものを買うときのプロセスに当てはめて考えてみてください。

たとえば、洋品店に何げなく立ち寄ったとします。とりあえず必要なものは何もないので、時間つぶしという感じです。そこに店員がやって来て、紺のジャケットをすすめてきたとします。

あなたは内心、「うるさいな」と思いつつ、相づちを打って話を聞いていると、さらに店員がクロージングをかけてきたとします。あなたは、「ごめんなさい、ちょっと考えてまた寄ります」などと言って立ち去るでしょう。

これが「①顧客は売りつけられることを嫌う」です。

店を出ようとしたときに、黒い光沢感のあるジャケットが目に留まりました。あなたは黒い服が大好きで、すでに同じような服を何着も持っているのですが、そのジャケットにひとめ惚れしてしまいます。これが「②顧客は感情的な理由でものを買いたくなる」です。

思わずジャケットを手に取り、羽織って、鏡に映る自分を見ながら、「いいな」とつぶやいたりします。そのときあなたは一瞬、奥さんが「また、同じような服を買ってきて」などと、嫌味を言うかもしれないと頭を悩ませます。

しかし、襟元のちょっとしたデザインの違いや、ボタンの材質、スタイルの違いなどを見つけて、「これは今持っているジャケットとは違う」と、奥さんへの言い訳を考えつつ、結局レジへと向かうのです。

これが「③顧客は買うことを決めたあとに（または、買ったあとに）自分の意思決定を理性で正当化する」です。

いかがでしょうか？　あなたにも思い当たることがあるのではないでしょうか？

「販売における3大原則」で顧客の心を揺さぶれ！

それでは、先ほどの「車中泊DM」に話を戻しましょう。

封筒に印刷された、「冒険旅行へ出かけませんか？」というメッセージに興味を持って、開封したら、小冊子でいきなり「車中泊キットの紹介」として、カタログのように商品が並んでいたら、「売り売り感」が強いように思われるということでしたね。

せっかく、車中泊に興味を持って、開封したのに**「売りつけられる紙面」が急に現れたら、気持ちが萎えてしまいます。**では、どうすべきか？　その答えは、**見る人の感情を動かす**ことです。

1つのカギは、ビジュアル（写真）にあります。この場合の写真とは、商品写真ではなく、封筒の「冒険旅行へ～」という言葉にひかれて期待を高めている人へ、さらにその気持ちを高めるようなイメージをもたらす写真のことです。

たとえば、広大な星空の下で、子どもと一緒に望遠鏡をのぞいているとか、川で魚を釣り上げて興奮しているシーンとかです。こういう写真を見せられたら、「やっぱり自然の中はいいな。子どもにも経験させたいな」と感情を揺さぶられるわけです。

その写真の世界観をさらに広げるようにして、コピーでは「行きたいとき、行きたい場所へ、あなたの冒険に予約なんかいらない」という感じで、「車中泊＝宿泊施設の予約がいらない」というメリットを訴求し、車中泊をアピールするという寸法です。

つまり、「②顧客は感情的な理由でものを買いたくなる」をあと押しするような紙面を作るのです。

見た人が「車中泊っていいな！」と期待感を高めたところで、「自社の車中泊キットならこんなに快適」ということを伝えていきます。

たとえば、「この車中泊キットはあなたのクルマ専用に設計されているから、使い勝手や快適さがまったく違う」と言って、市販の類似品や、自分で工作して作るよりもクオリティが高いことを納得してもらいます。

つまり、「③顧客は買うことを決めたあとに（または、買ったあとに）自分の意思決定

行きたいとき、
行きたい場所へ
あなたの冒険に
予約なんていらない

を理性で正当化する」をあと押しするのです。

このあとは、ＤＭにとって一番大事なこと。それは、読者（見込み客）にどのようなアクションを起こしてもらうかです。

この場合で言えば、既存のクルマオーナーなのですから、購入した販売店への集客が妥当でしょう。よって、ＤＭに封入する挨拶状は販売店からという形にして、できれば担当セールスマンの手書きメッセージなどを入れるとさらに効果があると思います。

また、購入をあと押しする意味で、「期間限定の割引クーポン」や、購入者特典として、「無料のオイル交換サービス」などをつけるといったことも考えられます。

この章の冒頭で、なぜ「物語」の話をしたのかというと、「②顧客は感情的な理由でものを買いたくなる」の「感情的にさせる」ことが、ずばりマーケティングの核であり、それによって人を購買へとつなげることができると言いたかったからです。

物語は、「人に夢を見させたり、人の苦しみや喜びを疑似体験させたり、ときには人生の教訓を与える」こともできます。しかも、読み手に共感を与えながら伝えられるので、**頭で理解されるだけでなく、心にまで伝えることができる**のです。

だからこそ、人を行動へとかき立てることができるともいえます。

私はドラマの脚本を学ぶ中で、人を感情的にさせる物語づくりがいかに難しいか、同時にいかに面白いかを実感としてわかってきました。

主人公のキャラクター1つで、物語への感情移入を高めたり、その逆に反感を持たれて視聴者にそっぽを向かれる可能性もあります。DMでいえば、興味を持って読み進めたくなるのか、その逆に売り売りの商品訴求で、ゴミ箱行きかというところでしょうか。

DMを作るのも、テレビドラマを作るのも、人の感情を揺さぶるという点では同じです。ぜひ、あなたも楽しみながら、物語を考えてみてください。

〈販売における3大原則〉

①顧客は売りつけられることを嫌う。
②顧客は感情的な理由でものを買いたくなる。
③顧客は買うことを決めたあとに（または、買ったあとに）自分の意思決定を理性で正当化する。

効果を上げるために注意すべき「3つの問いかけ」

さて、ここまで読んでいただいた方はＤＭの可能性を十分に理解されたのではないでしょうか。

ここからは初心者が陥りやすい失敗について、「3つの問いかけ」として説明していきます。

問いかけ①は「カタログの見せ方と同じではないか？」です。

特に雑誌ＤＭではページ数が多いことから、「自社のカタログを抜粋して入れる」という方がいます。

カタログを切り抜き、それを台紙にペタペタと貼り付け、印刷会社に発注して「はい終わり！」という感じのものです。このケース、意外と多く見受けられます。中には本当にチラシ状態で、値札のオンパレード。ページを開いた瞬間、すぐにゴミ箱行きという感じのものまであります。

先ほども述べたように「①顧客は売りつけられることを嫌う」を意識してほしいのです。

カタログを手に取る人は、すでに「買いたい」「検討したい」という状態なので、DMを受け取ったばかりの人の状態とはかけ離れています。同じ見込み客でもロイヤリティが異なる、つまり、あなたの商品やサービスに対する親密感が異なれば、コミュニケーションの方法も変わるし、戦略も変わるはずなのです。

写真やイメージには徹底的にこだわるべし

問いかけ②は「次のページをめくりたくなるか？」です。

それを実現させるためには、顧客からいかに共感を得られるかにかかっています。1つはストーリー性、物語として流れていくことが必要になってきます。これについてはこの章の冒頭でも述べた通りです。

封筒で提示したテーマが最後のページまで貫かれていること。そして、読者を飽きさせない遊び心のある文章や写真など、エンターテイメント性を考えた作りをする必要があります。

その中でも写真の役割は大きいと思ってください。

たとえば、衣料品なら、それを着ているモデルさんによって、着ている商品のグレードまで変わってきます。素人のモデルよりもプロのモデル、さらに外人モデルならグレード感はアップするでしょう。

また、素人が撮った写真よりも、プロがしっかりとライティングをし、画像修正をしたもののほうが、当然見た目にも素晴らしいものになります。そのクオリティがページ全体の印象を大きく変えることになるのです。

前にも述べたように、予算がないからといって、下手に自分で撮るよりもフリー素材を使ったほうがページ全体のクオリティが上がります。しかし、「自分のストーリーに合うものが見つからない」と諦めてしまう方も多いでしょう。

その場合は考え方を変えて、逆にいい感じのフリー素材を見つけたら、それを活かせるストーリーを考える。つまり、逆の発想をしてください。なぜなら、ストーリーを考えるのはタダですが、新規で写真を撮るとお金がかかりますし、またストーリーにぴったり合ったフリー写真を探すのは手間がかかるからです。むしろピンとくるフリー写真を見つけたら、それに合ったストーリーを構築するほうが簡単なのです。

たとえば、車中泊キットの話で、「広大な星空の下で、子どもと一緒に望遠鏡をのぞいている」というイメージを入れると述べましたが、そのままのフリー素材を見つけるというのは難しいと思います。

しかし、「星空」だけの写真を見つけるのであれば簡単でしょう。であれば、星空の写真を使って、それに「夜空を見上げて、流れ星を見つけよう」というコピーをつければ、望遠鏡がなくても、子どもがいなくても、同じコンセプトが成立します。逆に望遠鏡や子どもが登場しない分、洗練されて見えるかもしれません。

このように最初のページではエンターテイメント性というのを特に意識する。写真、イメージには最善の配慮をしてください。そうすれば、読者は期待感を持続させて次のページをめくってくれるのです。

問いかけ③は「売りに走りすぎてないか?」です。

「顧客は、売りつけられることを嫌う」という意識を常に持つことが必要です。

ＤＭは往々にして商品説明に丁寧になりすぎて、情報過多になってしまうことがよくあります。カタログではなく、ＤＭなので商品紹介はコンパクトでわかりやすく説明するようにしましょう。

また、紹介したい商品がたくさんあっても、商品はなるべく絞るようにして、ほかの商品は自社のホームページで見てもらうように誘導するのも手です。

商品を説明する際にも、売りつけられている感があるものと、ないものがあります。

その点については次の項目のテーマになるので、そこで詳しくお話しします。

ＤＭ初心者が注意すべき「３つの問いかけ」

①カタログの見せ方と同じではないか？
②次のページをめくりたくなるか？
③売りに走りすぎてないか？

顧客は「商品」ではなく、それを使っている自分の「物語」が欲しい

今からお話しするのはDMに限ったことではなく、カタログやリーフレット、Webでのコピーにも共通することなので覚えておいてください。

コピーライター初心者がよく陥る失敗が、商品のことしか説明しないということです。

「えっ、商品コピーなのだから、それでいいのでは？」と思われる方もいるでしょうが、それでは顧客に商品が伝わらないのです。

ここからは例を挙げながら説明していきましょう。

商品は「74カ国語の自動翻訳ができる小型の翻訳機」だとします。まずは悪い例から。

■74カ国語の自動翻訳ができる小型の翻訳機　■高い翻訳精度を誇り、大音量で聞きやすい　■1回の充電で連続7時間使用可能　■タッチスクリーンで操作性バツグン　■ブルートゥースでイヤホンに接続できる

どうでしょうか。通販カタログやECサイトでいかにも目にしそうなコピーだと思います。これを少し変化させてみましょう。

■74カ国語の自動翻訳ができるから、手にした瞬間から世界中の人と友だちになれる
■ポケットに入れても違和感のないサイズだから、海外旅行に行ってもすぐ取り出せる
■人ごみの中でも、大音量だから聞き取りやすいので安心　■1回の充電で連続7時間使えるから、1日中、外出しても大丈夫　■ブルートゥースでイヤホンに接続できるから、電車の中で外国語の勉強も思いのまま

いかがでしょうか。こうすれば商品に対する興味が湧くのではないでしょうか？

コピーに何をプラスしたかというと、顧客がその商品を持つことによってどんな風に変われるか、またはどんなシチュエーションで役立つのかをイメージさせたのです。

つまり、「74カ国語の自動翻訳」というのはそのスペックだけを見ても、「74カ国語はすごいな」とは思うけれど、顧客の心が動かないのです。

それを、「手にした瞬間から世界中の人と友だちになれる」と言われたら、「そうか、言語が多いということは世界中の人と話をできるから、どんな人とも会話ができて、友だちになれるかもしれない。じゃあ、街中で道を探している外国人を見つけたら声をかけてみようか」などと、具体的にその商品を持ったあとの、自分の変化を想像しやすくさせるわけです。つまり、**顧客は商品ではなく、それを使っている自分の物語が欲しい**のです。

性能をベネフィットの形に変えて伝える

もう1つ例を挙げると、「ブルートゥースでイヤホンに接続できる」ですが、このままだとどういうシチュエーションで使えるのかわかりません。なぜなら同時通訳に使うのであれば、音声は自分とともに相手の外国人にも聞いてもらう必要があるからです。

イヤホンを使うというのだから、個人で使うというシチュエーションでしょう。そこで、考えを巡らせて、「語学学習」にも使う人がいるはずだと見当をつけるわけです。さらに、電車の中や家の中でひっそりと勉強するとなると、イヤホンに接続できるのは大きいベネフィットになります。

その部分をコピーで「電車の中で外国語の勉強も思いのまま」と言ってあげれば、「この翻訳機は買って損はないかも」と学生や若い人にも受け入れられるかもしれません。もう1度言うと、商品コピーは性能やスペックにプラスして、使う人がイメージできるシチュエーションやベネフィットを一緒に語るべきです。

そうすれば、「売りつけられている感」も払しょくされて、見る人にその商品を使ったときのイメージを助長させ、「欲しいという感情を動かす」ことも可能になってきます。

つまり、「①顧客は売りつけられることを嫌う」「②顧客は感情的な理由でものを買いたくなる」「③顧客は買うことを決めたあとに（または、買ったあとに）自分の意思決定を理性で正当化する」は、ページ構成だけに限ったことではなく、単体の商品コピーでも考えに入れるべき点なのです。

ちなみに、③の理性で正当化するということは、「74カ国語」というスペックが役割を果たしてくれます。

たとえば、あなたが自動翻訳機をすでに持っているのに、衝動的にこの商品を買ったとしたら、奥さんへの言い訳として「今持っているのは8カ国だけど、これは74カ国なんだよ。性能がまったく違うんだ」と断固とした態度をとれるかもしれません。

プレミアムカーのブランディング戦略の本質

話を少し変えてクルマの話をしましょう。

プレミアムカーの広告やカタログでは、馬力やテクノロジーを前面に打ち出すのではなく、その世界観やイメージを見せているものが多いと、気づかれているでしょうか?

たとえば、軽自動車ならタレントさんがにっこりと微笑み、「自動衝突ブレーキも標準装備で、しかもこのお値段」みたいなコミュニケーションが多いのに対して、プレミアムカーは「都会のパーティー会場を、女性の視線を受けながら、さっそうとクルマで立ち去っていく」みたいな、かっこいいシーンのほうが多いと思います。

これは、プレミアムカーがいかに高性能であろうとも、結局は、「かっこいいクルマに乗れば、かっこよく見える」という単純な動機でクルマを買う人が多いからです。

特にシニアの女性で輸入車を買う人ですが、「何といってもベンツが一番」「BMWの走りが最高」「安全性はボルボよね」と、たいした根拠もなく思い込んでいる方が多いのです。

「テクノロジーや乗り味、コントロール性、安全性など」について、ほかのクルマと比較したことはないのに、なんとなくそう思い込んでいます。

逆に言えば、それを実現させているプレミアムカーの長年にわたるブランディング戦略が素晴らしいともいえるのですが。

- 商品コピーは、購入後がイメージできるシチュエーションを語る。
- 「売りつけられている感」を払しょくし、「欲しいという感情」を起こさせる。

〈中小企業や個人商店の方へのヒント③〉
自分のキャラを立たせて、ファンを作っていく

この章では「メッセージ」をテーマに語りましたが、ここでは個人商店の方に「とっておきのスキル」をご紹介します。

それは「キャラを立たせる」戦略です。

映画やドラマの脚本では、キャラクター設定が重要な要素となっています。なぜなら、ストーリーを展開するにあたって、視聴者にそのキャラクターに好感を持ってもらえないと、ストーリーを追いつづけてもらえないからです。

極端な話、主人公のキャラクターが犯罪者であってもいいのです。要するに、ただの悪人として描くのではなく、その人が「なぜ犯罪を犯してしまったのか」、その部分に共感してもらえれば、視聴者はその犯罪者というキャラクターと自分を同化して、ストーリーを追いつづけてくれるわけです。

では、本題のＤＭの話に戻します。

「キャラを立たせる」というのは、あなた自身を使って、商品やサービスをブランディングしていくという戦略です。

この方法は、大手企業では絶対にできない方法です。なぜなら、大手企業ではすでにブランディング戦略がきっちり出来上がっていて、社長が前面に出て広告活動をするというのは考えにくいし、下手をすると逆効果になりかねません。

たとえば、ＢＭＷの社長が毎回、あらゆる広告媒体に出てきたら、今まで築いてきたブランドを傷つけてしまうかもしれません。

「キャラを立たせる」戦略は、あなたの商品やサービスにこめた正直な気持ちを前面に打ち出していくことが大切です。

たとえば、商品やサービスに欠点があったとしたら、それも含めて語れば、あなたという人間性が顧客にも伝わります。

このキャラクター設定ですが、「ちょっと欠点がある人。ちょっとクセがある人」のほうが好感の持たれる傾向があります。

たとえば、「いい人なんだけど、言い方がちょっとひねくれている」とか、「頑固なんだけど、言葉の奥に優しさを感じる」というように、ちょっとスパイスが効いているほうが親しみはわきます。

「自分は好感の持たれるタイプと違うからな」と思うかもしれませんが、そのへんは芸能人でも同じです。ちょっと割り切って役柄を演じることも大切です。普段はいつものあなたでもよいので、DMで登場するときだけでも、役柄を演じる気持ちが必要です。

1つ例を挙げてみましょう。この戦略と親和性が高いのは、居酒屋さんなどの店主がお客さんと実際に会う機会の多い業種です。

たとえば、居酒屋「いつでも元気一杯」という店があって、その店主は、「脱サラして、地元の商店街の外れに念願の居酒屋をオープンした」とします。

この設定の中で、お客さんに共感を持たれやすいところはどこだと思いますか？

鋭い方はわかったと思いますが、「脱サラ」したというところです。

なぜなら、お客さんにサラリーマンの比率はかなり多いと考えられるし、サラリーマンの誰もが「いつかは会社という組織から離れて、自由に生きてみたい」と考えたことがあるからです。すなわち、「脱サラ」したというスペックは顧客に好感を持たれやすいと考えられます。そこを糸口にこの居酒屋と店主のブランディングをしていくのです。

たとえば、開店を知らせるチラシでは、「苦節30年、脱サラして夢を果たす！　居酒屋『いつでも元気一杯』今月1日、○○商店街の隅っこでオープン！」というように、見込み客へ「脱サラした男が、ついに夢を果たしたので、応援してください」という印象を与えていくのです。

さらに、店主がこの店で自慢にしていること、ちょっと実現できなかったことなど、正直に書いていきます。

たとえば、「旨い日本酒を探すために半年、日本を放浪しました。旅の苦労が染みた味をぜひ試してください」とか、「1人で切り盛りしているので、料理を出すのが遅れることもあります。ごかんべんください」などと欠点も正直に話せば、実際に料理が遅れても「しょうがないな」とか、「俺、ちょっと手伝ってあげるよ」などと、親しみのわく店になっていくかもしれません。

また、集客をあと押しする特典なども、開店サービスとして、「がんばれよ」と言ってくれたお客さんには「生ビールを1杯サービス」などとすれば、そのブランディングコンセプトを貫きながら、茶目っ気も感じさせて集客効果を高められることでしょう。

このブランディングをベースに、顧客リストが集まったら、「店主のグチを聞いてください」などというDMを送り、「最近、月・火がヒマで困っています。助けてください」などと、その出来上がったキャラクターの語り口で、来店をうながすようにするのです。

第4章

アクションプラン

DMは顧客にアクションを
起こさせなければ意味がない。
顧客を思い通りに動かす
シナリオを作れ！

DMはクロスメディアとともに進化している

この章では「DMからインターネットにつなげる」戦略をもう少し深く考えてみたいと思います。

まずご紹介するのは、2019年のDM大賞で金賞グランプリを獲得した「ディノス・セシール」です。ものすごい進化をDMにもたらし、今後のDMの方向を変えてしまうほどのインパクトを与えたものです。

賞を獲得したDMには2種類あり、DMの形状も用途も違っています。

1つ目は、ハガキDMです。「えっ、ハガキDMって、何を今さら」と思うでしょう。

しかし、このDMのシステムを聞かされたらうなると思います。これは注文時にカート落ちした商品を、その顧客へハガキDMとして24時間以内に送り、再度プッシュを図るというものなのです。

「カート落ち」とは、つまり顧客が商品をカートに1度は入れたものの結局は購入に至らなかった状態のことです。従来、ディノスではカート落ちした商品を、Eメールを送信してプッシュしていたそうですが、それを紙DMでも24時間以内の発送が可能になり、自動で送れるというのですから驚きます。

ハガキDMでは、カート落ちした商品を含めて3点の商品を掲載しています。キャッチフレーズは、シンプルに「ピックアップオススメ商品」とし、「カート落ち」ということを感じさせるのは、サブキャッチの「お買い忘れはありませんか?」という文言だけです。

それは、顧客に「悩んで買わなかった商品まで知っているなんて、気持ち悪い」と思われないための配慮だそうです。確かに考慮すべきポイントだと思います。

ネット上のマーケティングは各人の行動履歴に基づいて行われる時代

ネットではユーザーの「検索履歴」や「サイト訪問履歴」をもとに自動で広告を表示する「サイトリターゲティング広告」があります。

皆さんも経験があると思いますが、たとえば、アマゾンで1度購入を検討した商品が、しつこく広告バナーとして表示される、あの広告システムです。つまり、ネット上では、あなたの行動履歴はすべて知られ、それを利用したマーケティング戦略が練られているわけです。

この技術はどんどん進化しています。

私はかつて、某大手マーケティング会社（現在はＹａｈｏｏ！グループの傘下）とともに実験的ともいえるＷｅｂサイトを作ったことがあります。

それは、ある**サイトを訪問した時点で、そのユーザーの検索履歴をベースに嗜好性を自動で判断。その人が共感できるコンテンツだけを表示し、クロージングにつなげる**というものでした。

つまり、そのサイトで見られるコンテンツは、私とあなたとでは違うということになるのです（もっとも、私とあなたが同じ嗜好性を持っていたら別ですが）。

未来の出来事のように感じるかもしれませんが、すでに実現している技術です。

このようなことがネットではなく、リアル媒体であるＤＭでも可能だというのが少し恐ろしい気もします。私のようなマーケティングにかかわる人間でさえ、そう感じるのですから、一般の方たちなら、なおさらでしょう。

個々の顧客の嗜好に合わせてカスタマイズした小冊子ＤＭ

先ほどのディノスのＤＭに話を戻しましょう。

２つのＤＭがあるとお話ししましたが、もう１つのＤＭは「小冊子ＤＭ」です。これも革新的なＤＭです。どう革新的かというと、顧客それぞれにカスタマイズしたコーディネイト提案を自動で行い、それを小冊子化してＤＭで送るというものなのです。

これにはＡＩ技術を使ったそうで、その名称は「ファッションＡＩ ＃ＣＢＫ

ｓｃｎｎｒ」と呼ばれています。この技術によって、以前に顧客が購入したアイテムと類似した着こなしの写真をインスタグラムから自動で抽出するのです。これがコーディネイト提案を自動で掲載できる理由です。信じられるでしょうか？

そしてその横には、今回おすすめのアイテムをさりげなく載せてプッシュするという寸法です。「このインスタの写真、ワタシ好みだわ。この横の商品も素敵じゃない」というように、顧客のマインドをくすぐるに違いありませんね。

ついにＡＩがＤＭの世界にも進出したという、新時代を代表する出来事です。

そして、この2つのＤＭの気になる結果はというと、最初のハガキＤＭではコンバージョン率が20パーセントアップし、もう1つの小冊子ＤＭでは、カタログへのロイヤリティが上がりづらいＷｅｂ顧客層であるにもかかわらず、レスポンスが約10パーセントもアップしたという成果を出したそうです。

これは大手の通販会社だからできたということはあるでしょうが、**この先進技術は当然、ほかの印刷会社などでも取り扱うようになり、コストも安くなっていくはずです。**コストパフォーマンスがよくなった時点で、導入するのはありだと思います。ぜひ、頭の片隅に置いておいてください。

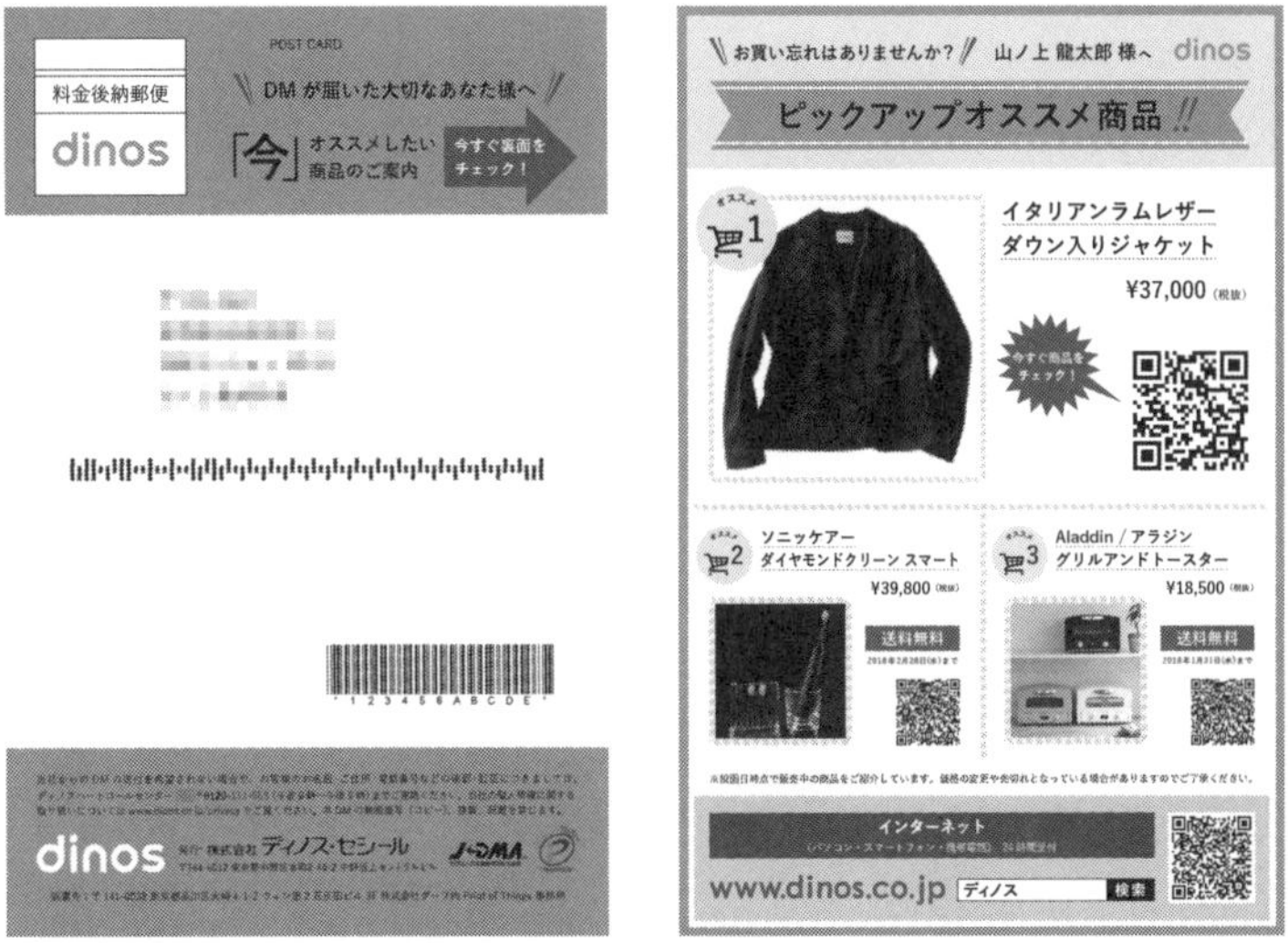

カート落ちした商品を通知するハガキDM

ユーザーごとにカスタマイズした「小冊子DM」

コーヒーブレイクで一息ついたときにWebサイトを見てください

ディノスが「ネットからDMへ」だったのに対して、次にご紹介するのは「DMからネットへ」の活用を促進するものです。今までもお話ししたように、「DM＋ネット」は時代の本流になりつつあります。

「DMからネットへ」の例としては、2018年のDM大賞で銀賞に輝いたアドビシステムズのアイコンコースターDMが話題になりました。

アドビといえば、フォトショップやイラストレーターといったグラフィックデザイナーが使用するソフトのシェアナンバー1のソフトメーカーです。また、今ではアドビのPDFは日常の業務で広く使われていますから、皆さんもご存じだと思います。

アドビシステムズでは、フォトショップやイラストレーターなどのソフトをCreative Cloudというサービスに統合。月会費を払えばそれらすべてが使用できるようにしました。さらにアップデートや技術サポートも無償で提供されます。

このDMは従来のソフト利用者に対して、作業効率が高められるCreative Cloudへの切り替えをうながすためのものでした。

DMはスイーツが入っていそうなおしゃれな箱のパッケージに、コースターが入っています。デスクに置いてもらえるこのコースターには、それぞれネットとつながるQRコードが記載されていて、Creative Cloud のお得なサービスや利点を紹介するという寸法です。

デスクでのちょっとしたコーヒーブレイクに、自社のWebサイトに来てもらい、Creative Cloud のよさをアピールして乗り換えを促進するのです。

この現物を見たときの第一印象は、実にアーティスティックなデザインだなというものです。先ほど言いましたように、今回のターゲットは間違いなくデザイナーなど、絵心のある人です。そういうターゲットがもらってうれしくなるように気を配ったのは間違いありません。ターゲットの嗜好性を考えて制作した好例ともいえるでしょう。

また、このDMの戦略の巧妙さは、DMを開封したあと、すぐにネットへつなげようとはせず、「コーヒーブレイクなど一息ついたら見てください」という「奥ゆかしさ」を感じる点です。顧客からは好感を持たれるでしょうし、確かに「一息ついたらのぞいてみようかな」という気持ちにさせてくれます。

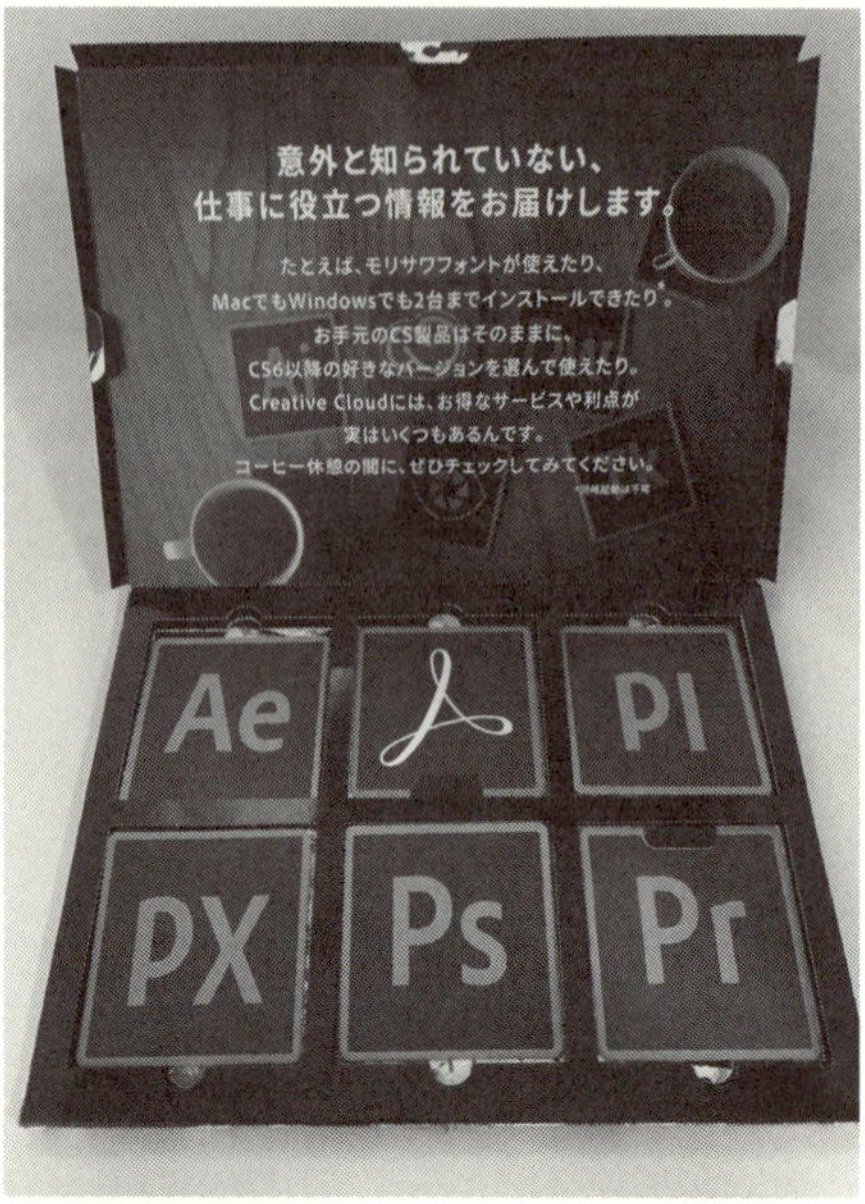

アドビシステムズの「アイコンコースター」

日本人には奥ゆかしいコミュニケーションが好まれる

この「奥ゆかしさ」というのは、実は、私が学んできたマーケティングにはない考え方です。

ちょっと脱線してしまいますが、お話しします。

ＢＭＷなどの世界的なブランドの広告制作に携わる中で、最先端のマーケティングに触れてきましたが、欧米の作り出したそのマーケティング手法は日本でもそのまま通用するものと、なんの疑問も持たずにいました。

しかし、フリーランスになって、ある有名な老舗ブランドの仕事をさせていただくことがあり、制作物について社長ご自身から修正指示をいただきました。それというのは、「ダイレクトに自社の自慢話をしたら粋《いき》じゃない」という趣旨だったのです。

そのとき、私の中で漠然と意識していたものが確信に変わりました。

「日本人に向けたコミュニケーションには奥ゆかしさが必要だ」という気づきです。

脚本の世界でも、「多くを語らないキャラクター」は、たまに語るひと言に重みを感じさせ、その人柄に好感を持ってもらえることが多々あります。

何を言いたいかというと、日本という国は島国であるがゆえに、人と人の間に「あうんの呼吸」のようなものや、「行間を読む」という習慣があり、「多くを語る」または「自慢する」という人に対して、好感を持たない傾向があると思うのです。

この独特の文化は、移民によって形成された多民族な西洋諸国とはまったく逆です。ですから、欧米から生まれたマーケティングは、一部、日本仕様としてカスタマイズすべきじゃないかと考えているのです。

ただし、あまりに「語らない」のも、コミュニケーションが成立しないので、そのさじ加減を考える必要はあります。

QRコードはひと工夫して使うべし

さて、話をDMに戻していきましょう。

このQRコードでネットに飛ばすという方法論は、決してお金のかかるアプローチではないので、ぜひ、街の小売店の方にも試していただきたいと思います。

ただし、**ただQRコードを入れればよいというのではなく、先ほどのアドビシステムズのようなひと工夫が必要**でしょう。

たとえば、いちばん簡単なアイデアは、何度かお話ししたQRコードでLINE@に登録してもらう方法です。1度、登録してもらえれば、必要なときにクーポンサービスなどを送信して、直接集客を狙うことができるからです。

そして、これはジャストアイデアですが、クイズとQRコードだけの「ハガキDM」を送るというのはどうでしょうか。

たとえば、ヘアカットサロンのDMだとして、クイズは「どうして白髪が生えるのか？」とし、大きなQRコードに誘導して「クイズの正解はホームページでどうぞ。ヘアカラーが特別料金になるクーポンも配布中です」といった具合です。

これだけ短いメッセージですから、見てもらえる可能性は高いでしょうし、ターゲットを中高年層に絞れば、「そういえば、そろそろ髪を染めないと白髪が目立ってきたわね」というように、さりげなく集客をうながせます。

ちなみに、「どうして白髪が生えるのか？」のクイズの答えは、「髪の毛の根元にあるメラニン色素をつくる栄養素が足りないから」だそうです。

もう少し面白い答えが出せるクイズなら、もっといいと思います。試してみてください。

今お話ししたクイズの場合は「答えを知りたい」から、ＱＲコードでネットに飛ばすことができたわけです。つまり、ＱＲコードでネットにつなげる方法は「次が知りたい」という欲求を持たせられるかにかかっています。

クイズ以外にも、「当日の来場記念品は限定１００個、その内容はネットでお確かめください」であるとか、育毛剤のＰＲなら、薄毛の人の写真の横にＱＲコードがあって、「1カ月後の育毛効果を写真でお確かめください」などと興味を引いてもいいでしょう。

ＱＲコードでネットにつなげるＤＭは今後も発展していくと思います。あなたの商品やサービスなら、どんなアイデアでネットへつなげられるか、ぜひ考えてみてください。

- ＡＩ技術で顧客ごとにカスタマイズしたＤＭを送れる。
- 日本人に向けたマーケティングには「奥ゆかしさ」が必要。
- ひと工夫しながらＱＲコードでネットに飛ばす。

誰にでもできる！ＤＭ＋ネット戦略の「3つの鉄板」

今後、ＤＭはネットとの連携によって、いろいろな可能性が生まれてくるのではないでしょうか。そこで次は、「ＤＭ＋ネット戦略」の復習を兼ねて、「3つの鉄板」として方向性を探ってみたいと思います。

鉄板①は「ユーチューブに飛ばして、動画で伝える」ということです。

前にもお話ししたように今後、スマホなどによる動画視聴はさらに加速していくと予想されます。ビジネス面から見ても、動画ほど多くの情報をわかりやすく配信できる媒体はありません。使わないのは本当にもったいないと思っています。

1つ例を挙げますと、「中川政七商店」という生活雑貨のお店をご存じでしょうか？

創業は1716年という老舗ですが、「日本の工芸品」という斜陽産業であったがゆえに苦戦を強いられ、近年までビジネスは低迷していたようです。それが、今の社長が就任して以来、工芸品の価値を再発見するような商品を立てつづけに提案し、売り上げを伸ばしてきたと聞いています。

その中川政七商店の風鈴の動画がユーチューブにアップされていたのを見たのですが、それは「12種類の風鈴がそよ風によって鳴る音色の違いを、すだれを背景に聴き比べできる」というものでした。売りのコメントは一切語られず、その動画はまるで「癒しの環境ビデオ」のようで、6万6000回もの視聴履歴がありました。

風鈴は店頭でも当然置かれているでしょうが、実際にそよ風でどのような音色を奏で、どのような姿で風に揺れるのかは、実物を目の前にしてもわからないでしょう。

つまり、動画であれば、実物よりも多くの情報を見せることができ、「販売における3大原則」の「②顧客は感情的な理由でものを買いたくなる」をあと押しできるのです。

たとえば、DMで風鈴を売るならば、「音色は動画でお楽しみください」と、QRコードからユーチューブに飛ばすというのは素晴らしい戦略だと思います。

また、私のように「たまたまユーチューブを見ていたら、この動画を見つけた」という人にも、販売のチャンスを生み出すことができます。

以前にお話ししたように、**あなた自身をブランディングして、視聴者をロイヤルカスタマーにしていく**という戦略も、ユーチューブを使えば可能になります。あなたご自身がビジネスジャンルのリーダーとして認知される可能性も、今ならあり得るのです。

難しい戦略はあとで考えるにして、まずは始めてみて、徐々にコンテンツを増やしていきながら、使い方を模索していけばいいと思います。

DMからメールマガジンに誘導して開封率を高めるアイデア

鉄板②は「ホームページに飛ばして、メールマガジン登録」です。

80ページの化粧品会社の例でもお話ししましたが、サンプルをDMで送り、フォローアップとしてEメール（メールマガジン）を使うという戦略は、比較的、簡単に実現できます。なぜなら、Eメールはメールアドレスを知っていれば無料で送れるからです。

ここでも1つアイデアをご紹介しましょう。

たとえば、あなたが「育毛を促進するシャンプーとコンディショナー」を売っているとしましょう。DMリストは以前に「育毛剤」を購入してくれた顧客です。DMの仕立てはとりあえず置いておいて、メッセージは「育毛剤の効果を100パーセント発揮させるには、シャンプーとコンディショナーも大切です」という感じでしょうか。

DMの中にはシャンプーとコンディショナーのサンプルが入っていて、「育毛を促進するシャンプーとコンディショナーの使い方はこちらへ」とうたいつつ、メールマガジンの登録をうながすのです。

メールマガジンはステップメール（Eメール登録後、決められたコンテンツを順番通りに自動配信するシステム）にして、シャンプーとコンディショナーの使い方とともに、「育毛に必要な食事法」とか、「育毛を促進させるマインドセット」とか、毎回、読み物として工夫しながら配信していく感じです。

メールマガジンの最後には「このメルマガを最後まで読んでいただいた方だけに、感謝をこめて、期間限定の特別オファーをご提供します」という風にして、クロージングにつなげていくのです。

そして、不定期に「育毛ニュース」などというタイトルで、育毛の豆知識とともに新

商品の宣伝などをインフォメーションしていけばいいでしょう
1度、購読を習慣化したメルマガ読者は、ほかのメルマガとは違って、配信について好意的に見てもらえるでしょうし、開封して読んでいただける可能性も高まると思います。つまり、Eメールの「開封率が悪い」という弱点を、紙DMを挟むことで克服できる可能性が出てくるのです。

LINE@につなげて顧客へ定期的に情報発信する

鉄板③は「QRコードでLINE@につなげる」です。

LINE@がEメールと違う点は、圧倒的に開封率が高いことです。SNS経由のメッセージは個人宛感が強く、ついつい開いてしまう特徴があるからでしたね。さらに、携帯電話の番号に付随したSMS(ショートメッセージサービス)は、「SMS=大切な連絡」という構図が出来上がっていて、最近では、その登録先へコンピュータを使って一斉にメッセージを送信できるサービスも出てきています。

LINE@も、このSMS一斉送信も、「もろ刃の剣」で、あまり「売り売りのメッセージ」や頻繁に送信を繰り返すと、顧客から「なんてウザいんだ！」と、逆に反感を買ってしまう恐れがあるということは先ほども述べた通りです。

ここでも1つアイデアをご紹介しましょう。

20代男性ターゲットということで、「中古レコードショップ」としましょう。

DMの中にLINE@のQRコードを仕込みます。さて、ここからがミソなのですが、そのQRコードをレコードのジャンルで分けておくのです。実は、LINE@は複数のアカウントを持つことが可能なのです。つまり、ジャンルごとに分けておけば、その顧客が好きなジャンルを事前に把握できるだけでなく、そのジャンルの中古レコードが入荷した際に、そのターゲットへズバリの「入荷速報」をLINE@で配信することができます。

当然、顧客にとっては「ぜひ知りたい情報」となるので、多少頻繁に配信しても、逆に喜ばれる可能性もあります。LINE@でアカウントを複数作成する方法は、グーグルなどで、「LINE@　複数アカウント」で調べれば見つかります。現在は可能ですが、今後も可能なのかは断言できません。調べながら行うようにしてください。

「DM＋ネット」の戦略は、LINE＠のように新しいサービスが生まれるたびに、新たな戦略が生まれてきます。新しいプラットホームが出てきた際は、面倒だと思わず、自分から率先して利用し、DMとのマッチングを模索してみてください。

また、中国発のショート動画アプリ「TikTok」など、若者に絶大な人気を誇るプラットホームも出てきています。今、自分が発信したいと思っているターゲットが、どのプラットホームをよく使うのか考えるのも、戦略を決めていくうえで重要になります。「DM＋ネット」の戦略は、常に進化していくと思ってください。

誰にでもできる！ DM＋ネット戦略の「3つの鉄板」

①ユーチューブに飛ばして、動画で伝える。
②ホームページに飛ばして、メールマガジンに登録してもらう。
③QRコードでLINE＠につなげる。

DMに「ゲームの遊び」を仕かけることで、来場を促進する

DMでの集客を促進させる1つの方法として「ゲーム」という戦略をとることがあります。

BMWでもよく行った戦略で、第1章でご紹介したBMWの「ゴルフボールDM」でも、ショールームで有名ゴルフメーカーのパターを使ったパターゲームを、来場者へのゲームとして企画しました。

「ゲーム」というのは、人を興奮させ、行動を起こさせる画期的なマーケティングだと思います。ただし、ゴルフボールDMのように、封筒から店舗でのゲームまでが1つのストーリーとして貫かれていることが大切です。

たとえば、自動車ディーラーでの「お買い得の特選車が勢ぞろい」というようなコンセプトのDMやチラシの中で、「当日、お子様におやつバイキング」みたいに、いきなり感の強いオファーを見かけることがあります。

仮に家族客の集客をはかるというのであれば、「パパも、ママもうれしい、特選車が勢ぞろい！」「ボクや、ワタシもうれしい、おやつバイキングもある！」のようにすれば、このイベントのコンセプトが明快になり、「じゃあ、家族で行ってみるか」という行動へのあと押しにもなります。同じイベント内容でも、コンセプトを貫けば、顧客の行動をより強くうながせるのではないでしょうか。

さらに、この企画にゲーム性を持たせたらどうなるでしょうか。

たとえば、「今週末は、家族そろって大運動会！　特選車もいっぱい！」みたいなコンセプトでDMを仕立ててみます。

封筒からは、紅白の風船がのぞいていて、「当日は風船をお持ちください。紅白玉入れ運動会にご参加いただけます」といった誘いです。店舗でのゲームは「時間内に玉を10個いれたら、豪華賞品をプレゼント」という感じでしょうか。

参加賞は先ほどの「おやつバイキング」でもいいですし、「風船にヘリウムガスを入れる」のでもいいかもしれません。きっとフェスティバル感が盛り上がることでしょう。

ゲームの賞品はネットから低価格で仕入れることができる

ここまでお読みになって「豪華賞品はどうするんだ？」と思われた方に、とっておきの方法をお教えします。

私はネット物販にも詳しく、ネットで商品を低価格で仕入れる方法を知っています。その中でも、ビギナーの方が安心して、景品などを安く仕入れられるサイトを２つご紹介します。

１つは国内最大手の卸売サイト「ネッシー」(www.netsea.jp) です。

国内のＥＣサイトであり、もともとＤｅＮＡが立ち上げたプラットホームで、現在はＳｙｎａＢｉｚ が運営を行っています。商品は多岐にわたり、国内外のメーカーがここに出店し、小売業者と取引を行っています。

ここは「B to B」つまり企業間での取引が基本のため、商品によっては最低ロット数などがありますが、10〜30個くらいの発注数量があれば、基本的に可能だと思います。利用に際しては会員登録が必要ですが会費は無料ですので、会員になっておくと何かと便利です。

先ほどの「大運動会の賞品」であれば、野球帽などが210円で手に入ります。カテゴリーは「ファッション雑貨、アパレル、雑貨、家具・インテリア」となっていて、賞品を探すには、とてもよいサイトだと思います。

もう1つは国外のサイト「AliExpress」(https://ja.aliexpress.com)です。

これは世界最大レベルのECサイトであるアリババが海外のバイヤー向け(特に米国)に作ったプラットホームです。表記は日本語になっているので使いやすいと思います。

これも基本は「B to B」のため、商品によっては最低ロット数などがありますが、意外と1個から販売しているケースもあり、とりあえず数個をテスト購入して、再度、複数個を購入ということも可能です。クレジットカード決済も可能で、直接、指定の住所まで国際発送してくれるので、個人輸入をサポートしてくれる代行業者を通さなくても手に入れることができます。

中国は「世界の工場」といわれている通り、アリババ系のECサイトでは、さまざまな商品を購入することができます。

たとえば、カシオのGショックであれば5万円くらいしそうなノンブランドの腕時計が10ドルちょっとで手に入ります。ひと頃とは違い、デザインもクオリティも、まったく遜色《そんしょく》がありません。先ほどの「大運動会の賞品」としてスポーツウオッチなんかはよいかもしれません。現物を見たら、とても10ドルとは思えないでしょう。

来場をうながすゲームを企画するときは、DMの封筒から店舗でのゲームまでが1つのストーリーとして貫かれていることが大切。

「あなただけ」感を作り出せば、顧客のアクションが変わる！

第2章で「あなただけ感によって開けさせる」というお話をしました（64ページ）。言葉を変えれば、「えこひいき感」を出すことによって集客を促進するということでしたね。

その好例としてご紹介するのが、2019年のDM大賞で銀賞を獲った金沢市郊外にある大衆食堂「味一番」のハガキDMです。DM大賞の紹介でも、「一目でわかる、えこひいきDM」というタイトルで紹介されていて、街の商店でも真似ることができるケースだと思います。

ちなみに、ここの食堂は前年度でもDM大賞を獲っています。それについては第5章の「エリアマーケティング」で詳しくお話しします。

さて、この「えこひいきDM」とはどのようなものかというと、「カツ丼の割引クーポン付きハガキDM」です。「えっ!?　そんな当たり前なDMがなぜすごいの？」と思われるのは無理もありません。

まず、ハガキの宛名面の下部には「ご愛顧地域感謝キャンペーン」というタイトルがあり、裏面では「よくばりに頬張れ！」というキャッチフレーズと、カツ丼の写真（ちなみにこの写真はお店の人が撮ったそうです）。そして、「150円割引（1回目）、100円割引（2回目）、200円割引（3回目）」と、スタンプラリーの要領で割引の表示が入っています。

このお店では、以前に「かもめタウン」（152ページで詳しく紹介します）を使ったDMで新規顧客を獲得していました。今回は、そこから得た顧客リストの中で常連度を3段階に分けて、金、銀、銅の3種類のDMを作り、各顧客にメールを送付したのです。

しかも、この3種類、ハガキの上部が「金、銀、銅」に塗り替えられているほかはまったく同じ内容。では、どうやって、常連度によって「ひいきの度合い」を変えたかというと、赤ペンを使った手書きでわざわざ「訂正」をしているのです。

たとえば、「200円割引（3回目）」のところ、金と銀では200円を赤ペンでバッ

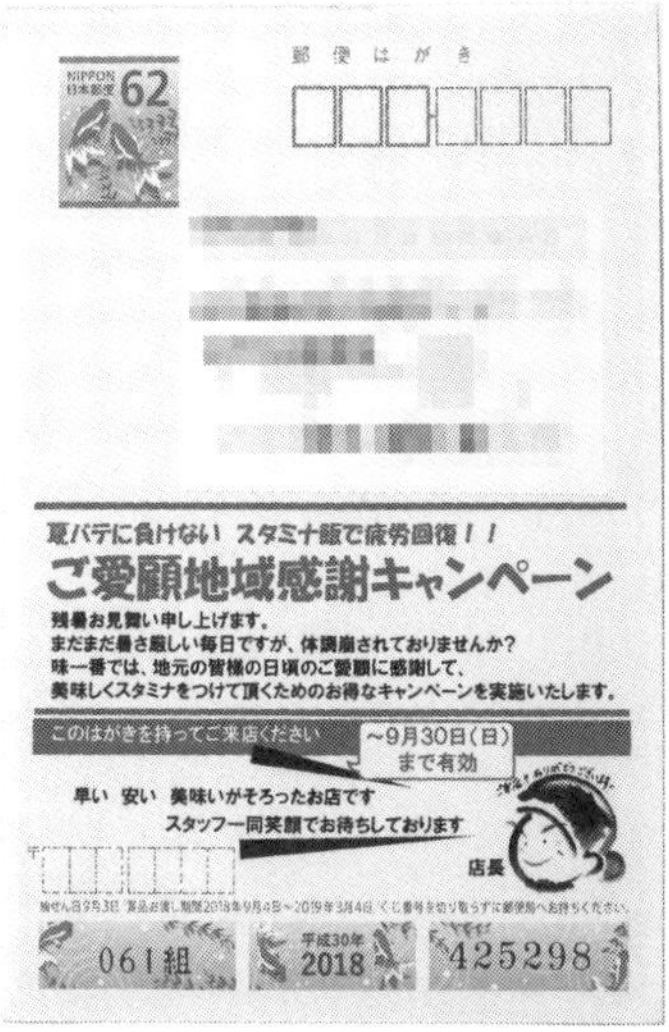

常連の度合いによって値引き額が変わる「えこひいきDM」

テンして、300円と手書きしています。さらに、「1会計につきお1人様のみ有効」の文言に赤ペンでラインを引き、今度は黒ペンの手書きで「いつもご来店ありがとうございます。常連の○○さんにはグループ全員分を特別割引します」とメッセージを追加しているわけです。

これをもらった常連客は絶対にうれしいでしょう。

「へええ、俺だけひいきしてくれるんだ」というのが、たったこれだけのことでアピールできているのです。

最初に述べたようにこの戦略は、低予算でできるので、街の商店や飲食店などでも手軽にできると思います。

特定の顧客を「ひいき」するときは、その理由を明快にする

このほかにも、「ひいき」をフックにしたアイデアはいろいろあります。

たとえば、以前にプレイベントの方法としてご紹介した「新車発表会前のプレイベン

ト」です。購入の見込みが高い旧モデルの既存客に対して、「一般発表の前に、先行してお見せします」とプレイベントにご招待する方法です。

このDMの中に手書きの案内状を同封して、担当の営業マンから「当日は私がご案内します」と一筆入れればさらに効果が高まると思います。

これもよくあるのですが、「このチケットをご持参のあなただけに」というコミュニケーションで、特別なチケットをDMに封入する方法です。「期間限定の割引クーポン」などは王道ですね。

手書きの手紙は、究極のDMだという話を繰り返ししていますが、これも「ひいきDM」に当てはまるでしょう。

手書きであれば、送り手のそれ相当の労力がすぐさま見て取れます。「わざわざ手書きで送ってくれたのか」と、受け取った顧客は自分が「ひいき」されていると感じてくれるに違いありません。

人は「ひいきされる」「特別扱いされる」ことが好きです。ハイブランドのロイヤルカスタマーを育てる戦略でも、たいてい「ひいきされてうれしい」という顧客心理を上手に突いています。

いずれにしても、必ず押さえなければならないのは、「なぜ、自分だけがひいきしてもらえるのか」が、DMで語られていることです。

なぜなら、「どうせ、全員に言ってるんでしょ」と思われては効果が低くなるからです。

たとえば、先ほどの大衆食堂なら、手書きの文言に「常連の○○さん」という記述があり、ひいきしてくれている理由がすぐにわかります。

新車発表のプレイベントならば、キャッチフレーズで「BMW5シリーズの魅力を知り尽くす、オーナーのあなた様だけへ」とすれば、「あなたはオーナーだから、ひいきしますよ」と明確にわかり納得することでしょう。

このようにDMにおいての「ひいき」は、**「あなただけ感」を助長するものであり、高い集客効果を見込むことができます。**あなたの商品やサービスの常連客に対して、どのような「ひいき」ができるか、ぜひ、考えてみてください。

- **常連客を「ひいき」することで「あなただけ感」を強める。**
- **人は「ひいきされる」ことが好き。**

〈中小企業や個人商店の方へのヒント④〉
「大量集客」ではなく、「友だちを楽しませる」と考える

これからDMを制作する皆さんの中には、「さあ、大量集客を狙うぞ」と意気込んでいる人もいらっしゃるでしょう。しかし、そう考えれば考えるほど、かえってよいアイデアが出てこなくて、途方に暮れることもあるかと思います。

そんなときは発想を変えて、「親しい友だちを招待するパーティーだ」と考えてみましょう。

パーティーといえば、バースデーパーティー、クリスマスパーティー、結婚記念パーティーなど、何かの記念やセレモニーが一般的ですよね。

街の雑貨屋さんが特別なイベントを組むとしたらどうでしょうか？

たとえば、「オープン1周年記念イベント」、つまり、「満1歳のバースデーパーティー」として企画してみるのです。ここを出発点に考えれば、「当日は常連のお客様にささやかなプレゼントをしよう」「店内のディスプレイは、お誕生日会風に仕立ててみよう」「D

Mはバースデーカード型にしよう」「どうせなら、パーティーで使えそうな雑貨を中心にディスプレイしよう」などと、とんとん拍子にアイデアの連鎖が生まれてきそうです。

DMの神髄とは「手書きの手紙」といっている通り、いかに個人宛感を出せるかです。アイデアの出し方として、顧客を友だちとして考えてみるのも有効な方法の1つなのです。

「友だちを楽しませる」という考え方で、もう1つアイデアを出してみましょう。

たとえば、スポーツ用品店さんがトレッキングツアーを企画するのはどうでしょうか？ 地域の穴場的なトレッキングコースを顧客の方々とおしゃべりしながら楽しむのです。長い時間一緒に行動すれば親しみもわき、友だちのような関係を築けるに違いありません。

DMはこのあとの第5章でご紹介する「特定エリアにリストなしで送れる、かもめタウン」などを使って、新規顧客の獲得を狙うのもいいでしょう。

さらに言えば、このイベントに参加した方を「ツアー参加者」として別リストを作り、LINE@などの登録をうながして、新しいビジネス展開を考えてみるのも面白いですね。

第5章

エリアマーケティング

お金をかけなくてもできる！
街の商店ならではの
マーケティング戦略

大衆食堂がＤＭ大賞受賞！顧客リスト不要のＪＰのサービス

前の章でご紹介した、金沢市郊外にある大衆食堂「味一番」。

この食堂は２０１９年だけでなく前年２０１８年度のＤＭ大賞でも銀賞を獲っています。このＤＭ戦略の柱になっているのが、日本郵便（ＪＰ）の「かもめタウン」と「年賀タウン」というサービスです。

これはＪＰのサービスの一部で、その大きなポイントは具体的な宛先がなくても、「〇〇〇町の〇〇丁目」または、「特定のマンションなどの集合住宅」というようにエリアを指定することで、そこの住民へ一斉にハガキＤＭを配布できることです。

つまり、街の商店などが、特定エリアの住民をターゲットとして狙う場合、新規顧客獲得に効果が高いサービスといえるのです。

「かもめタウン」と「年賀タウン」はともに、期間限定のサービスで、「かもめタウン」は暑中見舞いシーズン、「年賀タウン」は年賀状シーズンに送るものと考えればいいでしょう。「かもめタウン」なら、平成30年度6月1日から9月2日までが引受期間、「年賀タウン」は平成30年度12月15日から12月24日までが引受期間でした。料金は、ハガキ料金の62円のみでOKです（※料金は2019年8月現在）。

この「かもめタウン」と「年賀タウン」の特徴は、専用の官製ハガキを購入して使用することにあります。基本的に配布の最少枚数は1枚からで、新規に取り組むハードルは低くなっています。

ただし、1枚からといっても、実際は「○○丁目」「○○マンション」など、ある程度の枚数がないと意味がないことも事実です。その点を世田谷区のJP担当部署に問い合わせたところ、おおよそ100枚以上からの発注が妥当なラインということでした。

このサービスはエリアを指定する関係上、発注の際には事前に最寄りの郵便局に相談しての引き受けになるようです。

というのも、○○丁目といっても、場所によって世帯数がまったく異なり、おおよそどの程度の数量が必要なのか、事前に把握する必要があるからです。都心と地方では条件がまったく変わることは、おわかりいただけるでしょう。

「かもめタウン」と「年賀タウン」は期間限定の受付ですが、通年（一部、取り扱いの期間なし）で同様のサービスも行っています。

それは、「タウンプラス」というサービスです。これも同様に、宛先がなくても、「〇〇〇町の〇〇丁目」または、「特定のマンションなどの集合住宅」という風にエリアを指定することで、そこの住民へ一斉にDMを配布することが可能です。

このタウンプラスのメリットは「ハガキ、または封書（定型内）」が1通あたり、24円～（最寄りの郵便局でご確認を）という低コストで送れる点です。

しかも、既定ハガキでないものが使用可能となり、ますます使い勝手がよいのです。

ただし、1つだけ欠点があり、引き受けは500枚以上となる点です。

しかし、指定エリアの戸数が500を超えるときには、タウンプラスを使ったほうがコストが安くなる可能性が高くなります。

いずれにしても、このタウンプラスも事前に、最寄りの郵便局で相談してから利用するという段取りになります。その点は注意してください。

ちなみに、「かもめタウン」「年賀タウン」などをグーグルで検索すると、「DMファクトリー」というJPの有料印刷サービスのページが上位に表示されます。ここに掲載されている情報は「かもめタウン」「年賀タウン」のサービス内容というより、印刷価格などになるのでご注意ください。

この有料印刷サービスでは豊富なテンプレートが用意されており、これをベースにオリジナルのDMが低価格で印刷できます。興味があれば1度、ご覧になってください。
※DMファクトリー　https://dmfactory.biz.post.japanpost.jp/

「味一番」に学ぶかしこいDM戦略

さて、話を大衆食堂「味一番」のDMに戻しましょう。

このDMを配布する前に、実はこの食堂ではすでに4回の無宛名郵便を実施し、その結果から来店率が高かった商圏として10の地域を特定したそうです。この戦略は、今後、街の商店が「かもめタウン」「年賀タウン」などを使用するときに参考になるでしょう。

自分のターゲットが住むベストエリアがわからないなら、そのエリア近辺へ数回にわたってDMを出し、ベストエリアを特定していくのが最初のステップになります。

つまり、「味一番」のDMも、このステップを踏んでいるわけです。

さて、ここからが本番です。もしもあなたがここの店主だとしたら、今後、DMを打つうえで何が必要になるかを考えてみてください。

そうです！　顧客リストです。

そこで、このDMは「ハガキDM」そのものがスタンプカードであり割引チケットになっていて、このチケットを利用するには、「顧客が住所や氏名などを書く」ことを条件にしたのです。つまり、ここで顧客リストの作成に結びつけたわけです。

さらに店では小型のスキャナを設置しました。顧客のデータをこのスキャナで簡単に収集できるようにし、スタッフの負担も軽減したのです。データ収集の時短にもなり、レジ待ち時間も軽減されたそうです。このように得たデータを使って、前の章でご紹介した、金、銀、銅の「えこひいきDM」を発送したという寸法です。

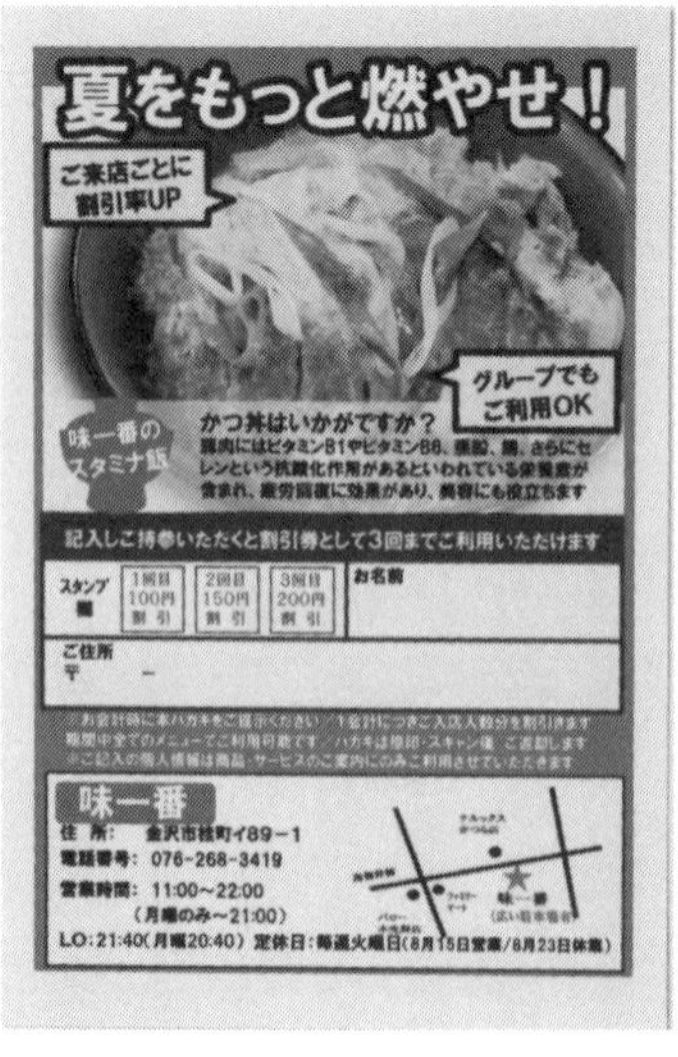

今回の「かもめタウン」を使った無宛名郵便でのレスポンスは、事前に見込みの高いエリアを特定して配布したこともあり、なんと20パーセントの来店を実現したそうです。つまり、10人に2人が来店したのですから大成功といっていいでしょう。しかも、この2人は1度だけの来店客ではなく、今後も継続して来てもらえる常連客になり得ます。さらに、いつでも来店をうながせる顧客リストも獲得できたのですから、このDMのコストパフォーマンスはかなり高かったわけです。

「タウンプラス」を利用した場合のコストのシミュレーション

では、ここからは、もっと具体的なイメージを持ってもらえるように、コストを見据えながら考えてみましょう。たとえば、同じ飲食店でも、都市近郊のワインが楽しめるバルレストランとしましょうか。

このバルレストランは駅の近くにあるとして、狙うターゲットは帰宅途中に食事とワインを楽しみたいと思う通勤客や、近くの住宅地に住む家族です。

駅近くなのですから、当然、線路を挟んで店側と反対側に分かれます。そこで、徒歩10分圏内の住宅地を両側で狙っていくという作戦を考えてみましょう。

店側では、顧客が住んでいそうな町を2つに絞って、まずは500通×2回＝1000通を送付してみます。「タウンプラス」を利用する前提で、配布コストは24円×500通×2回＝2万4000円。印刷は先ほど紹介したDMファクトリー（155ページ）のテンプレートを使って、1000枚なら両面カラーで1万2300円。

送付と印刷の合計は3万6300円となります。

これを線路の反対側でも同時に行うとすると、500通×4回＝2000部を送付し、24円×500通×4回＝4万8000円。印刷コストは部数が増えるので少し割安となり1万6400円。送付と印刷の合計で6万4400円です。「意外と安いな」と思われるのではないでしょうか。

顧客リストを獲得するために、ハガキには「割引クーポン、または各1人グラスワイン無料」などの特典をつけるといいでしょう。これによって、優良な顧客リストを手にしていくのです。

飲食店で顧客データを入手する際、グループで来店された顧客が「どういう関係のグループか」をデータに残しておくと、今後、さまざまな集客アイデアも生まれてきます。

小さな子ども連れの家族なら、「お子様の特別メニューできました！　ノンアルコールワインもご用意」とか、男友だちのグループなら、「がっつり系メニュー＋生ビールがグループなら格安！」とか、ターゲットを絞り込んでDMを発信できるのです。

そして、次のステップは来店の頻度に合わせて、「えこひいきDM」を打っていき、ロイヤルカスタマーに育てていくわけです。

一通り、この戦略を試したあとは、ほかのエリアで試してみたり、隣の駅でも同様のテストを行っていくといったステップになります。

この「タウンプラス」を使ったDM戦略は、顧客リストを持たずに新規出店された方には、とてもよい戦略ではないでしょうか。ぜひ、試してみてください。

- 日本郵便の「タウンプラス」「かもめタウン」「年賀タウン」を利用することで、顧客リストなしでもDMを安価に送付できる。
- ハガキの内容を工夫することで、顧客リストを作ることができる。

大阪のクリーニング店がたった49通のDMで、大口の注文を獲得！

ここでは、いかにターゲティングが大事かを端的に示した事例をご紹介します。

自社工場でベテラン職人がクリーニングを行う、あるクリーニング店の事例です。この大阪にあるクリーニング店の発送したDMが、２０１６年のDM大賞の銀賞を獲得しました。

さて、このクリーニング店では夏場に売り上げが落ちるのが1つの問題だったそうです。それは、冬物と比べ、夏場はYシャツなど単価が低いものが主流になるからです。

さらに、FC競合店が低価格を打ち出し、自社工場で丁寧な仕事をモットーにしていたこの店では、価格面で競合には勝ちにくいという弱みがありました。逆に言えば、他店よりも高い技術力を持っていることがこの店の特徴でもあったわけです。

そこで、社長は地元の、ある有名な施設に注目しました。

それは、甲子園球場です。夏といえば「夏の甲子園」で有名なエリアだったわけです。

一方、大会に出場する高校球児を持つ親にとっての悩みは、ユニフォームの汚れでした。実は、ドロドロのユニフォームを洗濯するのは、毎日のことだけにかなりの重労働だそうです。

しかも、近所の合宿所ならともかく、甲子園大会ともなれば、大阪近辺の合宿所などに出向いてユニフォームを洗濯しなければなりません。甲子園出場といううれしいニュースの陰には、お母さんたちのこんな苦労が隠されていたわけです。

そういう状況の中、「そのユニフォームはうちのクリーニング店にまかせてください」と、このお店が名乗りをあげたわけです。


そう、ターゲットは「甲子園出場を果たした全国の高校」だったのです。

このクリーニング店は甲子園出場が決まった49校に対して、出場決定のわずか1週間後というタイミングでＤＭを発送しました。ＤＭはＪＰの「レターパック」というちょっと厚めの封書です。

レターパックは書類や書籍などを送るのによく使われています。通常、DMで配送する定型郵便などよりコスト高となり、さらに既定の封筒を使用するという制約があるので、キャッチフレーズや写真などを印刷することができず、DMではほとんど使われていないというのが現状です。

逆に言えば、書類などの重要性の高いものが入っている印象が強いので、それが開封率を高めるポイントにもなったわけです。また、49通しか発送しなかった今回の例であれば、配送料金が多少高くなっても問題はなかったのではないでしょうか。

そしてDMの詳細はというと、まず封筒には「必勝祈願在中」とあり、いかにも出場校が「おっ、なんだこれは！」と興味を持って開封してもらえる言葉が目につきます。

レターパックの封筒はすでに既定の印刷がされており、送り先などの表記を書く項目があるだけですから、品名の項目にさりげなく書いたキャッチフレーズだったのではないでしょうか。そうであれば逆に、「さりげなさ」が好感を生むと考えられます。

そしてその内封物はというと、社長自らが手書きで書いたレターです。誠意をこめて「祝　甲子園出場　おめでとうございます!!」から始まる文面は、まさに個人宛に書かれた手紙そのものです。そこに、当店のクリーニングサービスについての丁寧な説明を加えているわけです。

さらにお店のパンフレットを5冊同封。その理由は、決定権のある親御さんたちがパンフレットを見ながら検討するのに、5冊は必要だろうという判断だったようです。結果は、「ユニフォームの洗濯当番をどうしようか」と頭を悩ませていた親御さんたちの心にクリーンヒット！　わずか、49通のDMから4校の注文を獲得したそうです。

ダイレクトメールのノウハウは就職・転職活動にも応用できる

就職・転職活動をする際、普通なら、履歴書、業務経歴書などを通常の封書に入れて送るところですが、今回はレターパックを使って、もう少し積極的な就職・転職活動を展開する方法をご紹介します。

たとえば、広告代理店の営業職で、長い間、外資系クライアントを担当していた人が、成長性の高い外資系薬品会社にアプローチするとします。広告代理店時代に培った強みは、英語力とマーケティング力としましょう。

まず、誰に送るかですが、順当に考えれば人事担当者でしょう。

ターゲット会社のホームページなどで具体的な氏名を調べて入れるのが効果的です。単に、「○○人事部様」宛よりも、「○○人事部　○○○○様」宛のほうが開封される確率はさらに高まるからです。

そして、品名には「企画書在中」としましょう。受け取った方は、「どのような企画なのか?」と思われるに違いありません。実は、その企画とは「あなたがその会社でいかに貢献できるかを示す」企画書なわけです。

職務経歴書というのではなく、その会社の現状のマーケティング戦略を分析して、自分ならこのようなアプローチもできるということを企画書として提案するのです。その提案内容が優れていれば、「すぐに会いたい」となるでしょうが、内容が実情と少し違ったものであっても、あなたがその会社を深く研究したという努力は伝わり、「この人はやる気がある」と思ってくれるのではないでしょうか。

挨拶状では、あなたの強みとやる気が際立つようなレターとして仕立てます。

もちろん、挨拶状は手書きにして、誠意を見せるのがよいでしょう。

今回の場合は外資系企業なので、履歴書は英文書式のものも同封すべきです。

このようなアプローチをすれば、ほかの希望者とは一線を画したものとなり、採用決定に少なからず影響を与えるに違いありません。

また、現状では人員のポジションに空きがなかったとしても、チャンスが発生したときに声をかけてもらえる可能性が生まれてくるでしょう。

いかがでしょうか？　今回のＤＭでご紹介しているノウハウは、実は商店や企業向けだけでなく、自らの運命を切り開くためのツールにもなり得るということを述べさせていただきました。

転職を考える際は、人生を切り開く1つの方法として、このＤＭのノウハウを頭の片隅に置いておいてほしいと思います。

・ダイレクトメールのノウハウは人生のさまざまな局面に応用できる。

婦人靴店の暑中見舞いハガキで来店率70・5パーセントを達成！

先ほどは、顧客リストがなくても送れる「かもめタウン」の話をしました。暑中見舞いハガキの時期に送るとお話ししましたが、暑中見舞いハガキそのものである「かもめ～る」をDMとして活用し、成功した事例があるのでご紹介します。

「かもめ～る」は皆さんもご存じの通り、「抽選くじ付き」のハガキで、親しい方などに「暑中見舞い」として送るものです。

2013年のDM大賞で紹介された「リーガルコーポレーション　婦人向けシューズ・ナチュラライザー　みなとみらい店」は「かもめ～る」を使ったDMで成果を出しました。

婦人靴ブランドを販売するこの店舗では優良顧客を中心に、スタッフ全員で手分けして手書きの暑中見舞いを「かもめ〜る」で送ったのです。

文面はスタッフの実名入りで、日頃の感謝をはじめ、ときには自分自身の話など、実にパーソナライズされた文章が綴られていたそうです。これこそ、究極の個人宛DMと言っていいでしょう。

受け取った顧客は、その丁寧な文面を見て、親しい友人から送られてきた「暑中見舞いハガキ」のようだと、喜んだに違いありません。

そして、結果はなんと**70・5パーセントという来店数を獲得し、例年であれば低調な夏期の売り上げを伸ばして、客単価も上昇させた**そうです。

「かもめ〜る」のメリットの1つは「くじ付き」であるということです。

通常なら、くじの抽選日まで、ハガキを保管するわけで、捨てられにくいという性質があります。当然、ハガキですから開封率は100パーセント。下手な封書DMを出すくらいなら、ハガキDMを出したほうがよい理由がここにあります。

ブランドショップというと、本社がプロモーションを考え、各店舗はそれに乗っかるのが通常だと思いますが、この店舗は「暑中見舞い」という形態を選んだことで、本社も「まあ、それくらいなら、単独でやってもいいんじゃないか」という流れの中で、成果をあげたのではないかと想像しました。

お年玉付き年賀ハガキを使った居酒屋の集客

それではここでも、街の商店として一例を考えてみましょう。

「かもめ〜る」と同じように、「くじ付き」のハガキに「年賀ハガキ（お年玉付き）」があるのはご存じでしょう。違う点は、お正月に届くという点ですね。

そこで、「年賀ハガキ」を使うことで考えてみましょうか。

お正月というタイミングを活かせる業種ということで、「新年会」需要を狙う居酒屋さんとしましょう。前提として「タウンプラス」のDMを使って、すでに顧客リストを獲得しているとします。

顧客リストの中からグループ来場しているのをリストアップして、「明けましておめでとうございます！　今年最初の御礼として、このチケットをご持参の方に、お1人様4000円で新年会パーティーを承ります」というメッセージに、赤ペンを使って4000円をバッテン、3500円に書き直します。

さらに、「〇〇様は、特別割引とさせていただきました。いつものご友人とご一緒に、ぜひご来店ください！」と手書きで追加の書き込みをするのです。

「えこひいき感」をさりげなく使って、集客をさらにあと押しする感じです。一部を手書きにするだけでも、パーソナル感はぐんと前面に出てきますよね。

ちなみに年賀ハガキの発行枚数は、２００３年をピークに年々その数を劇的に減らしています。私自身も、フェイスブックでつながっている方には、「もう年賀はがきを出さなくてもいいのでは？」と思ったりもするのですが、先方から丁寧な年賀状をいただいては、止めるわけにもいかないというのが現状です。先方も同じように考えているかもしれませんが。

- **お年玉付き年賀ハガキや「かもめ〜る」などの抽選くじ付きハガキは抽選日まで顧客の手元に保管され認知を深めることができる。**
- **ハガキＤＭを使う場合は、手書きで文言を追加することで、「えこひいき感」を表現できる。**

ローカル宅配ピザ屋が世界を驚かせたポスティングとは？

この章ではエリアマーケティングについてお話ししていますが、今回はポスティングの例をご紹介します。

これは10年ほど前にカンヌ国際広告賞で入賞を果たしたペルーの「Papa John's Pizza」という宅配ピザのポスティングです。

当時、私が強烈なインパクトを受けて、長い間、忘れられなかった作品でした。

このポスティングはポストに投函するのではなく、ドアに貼る小さな宣伝カードで、ドアの内側から「のぞき穴」を通して見ると、カードの写真が「宅配ピザのスタッフがピザを両手に持って、笑顔でピザの箱を差し出している」ように見えるのです。

しかも、カードを貼るときに呼び鈴の「ピンポン」と押して去って行くという、昔、日本でも子どもたちの間で流行っていた「ピンポン、ダッシュ」そのものです。

当然、日本でやったら苦情ものでしょうが、アイデアとしては秀逸であり、新しい発想の取っかかりにはなる気がしました。すでに資料などがないため詳細はわからないのですが、売り上げを大きく伸ばしたと記憶しています。

作り手のワクワク感が伝わってくるこのような遊び心が見る人の心と購買意欲をかきたてるのだと思います。

今まで、DMのノウハウをいろいろとお伝えしていましたが、ここでクリエイターの立場から1つ言っておきたいことがあります。

それは、ぜひ楽しんで、DMを作ってほしいということです。作り手のそういう楽しい気持ちは受け手の顧客にも伝染して、顧客に行動をうながすのではないかと考えているからです。

本書を書くにあたって、ほかの類書もいくつか参考にさせていただきました。確かに参考になる点は多々ありました。しかし、どの本にも共通していたのが「受け手を楽しませようとする気持ち」について書かれていなかったことです。

「楽しませる」ことは、「顧客の心を動かし」そして、「クロージングに結びつく」という流れも起こします。ぜひ、このことは覚えておいてほしいと思います。

駅の構内に本物のTシャツを貼ったポスターを展開

「ピンポン、ダッシュ」のことを書いて、これもDMとは関係ないのですが、私がやった仕事の中で、思い出深いクリエイティブを1つご紹介します。

それは、渋谷・原宿駅に掲載した駅貼りポスターのクリエイティブです。

クライアントは、表参道ヒルズに出店する衣料品店で、オープン記念として００７のTシャツの販売を企画していました。ちょうど、そのタイミングで００７の新作がロードショーされたため、相乗効果を狙う戦略だったようです。

その際、与えられたミッションは「駅貼りポスターだけで、効果的な集客をしてほしい」というものでした。私が考えたのは「このポスターで事件を起こし、一般の人たちに話題にしてもらう」という戦略でした。制作スタッフとともに考えたアイデアは駅貼りポスターに「本物のTシャツをラミネートする」というものでした。

朝、駅の構内を通勤客が通ると、本物のTシャツが壁にずらっと並んでいる光景を想像してみてください。まるで、構内が1つのショールーム状態に見えたことでしょう。

そして、ここからが事件の始まりです。

翌朝、通勤客が同じ構内を歩くと、そのTシャツは見事に持ち去られているわけです。

「大変じゃないか!?」と思われるでしょうが、ここがまさに狙いだったのです。

つまり、持ち去られることを計算に入れて、そのTシャツがあった空白には「現物は、お店で見てください」といったメッセージが語られていたのです。通勤客にしてみたら、「えっ、盗られるのを計算していたの!?」と、さらに驚いたに違いありません。つまり、

1つのクリエイティブで、2つのクリエイティブを展開させたわけです。

このポスターは話題となり、スポーツ新聞などでも取り上げられ、さらには知り合いから「こんなポスターがあってさ」と、私が制作者であるのを知らずに、そのポスターの面白さを伝えてくれました。

今から考えたら、「犯罪を誘発する」といったクレームが出てきてもおかしくないのですが、クライアントも含めて、好意的に受け入れられて本当によかったと思っています。

なぜなら、クリエイターの立場から見て、DMにはいろいろな可能性があると思っています。

DMはほかの媒体とは違い、実際に手にできる立体物であるからです。

しかも、ネットを含めたほかの媒体との相乗効果によって、とてつもなく面白いもの、そして、とてつもなく集客できるものが生まれる可能性を秘めているのです。

DMなどのクリエイティブは、ときに大きなインパクトを生み出す。

ポスティングの「3つのメリット」

さて、今までDMについてお話しをしてきましたが、エリアマーケティングでもう1つ外せない媒体があるので、ご紹介しておきたいと思います。それは、ポスティングです。「タウンプラス」のような宛名なしで送れるよいサービスが出てきた今、存在感が薄まってきていると思いますが、このポスティングのサービスも進化しており、お伝えしておくべきと考えました。

メリットは3つあります。

メリットその①は「自分で配れば媒体費ゼロ」という点です。

これは当たり前といえば当たり前ですが、たとえば、住宅地に個人レッスンのピアノ教室を開くとします。いちばん来てもらえそうなターゲットはご近所の方々になるのでしょう。

しかも、ご近所ならば、「ここの家は小学生の娘さんがいるから可能性があるかも」とか、「ここのアパートはお勤めの独身男性ばかりだから無理」とか、カンが働くと思います。そこで見込みがありそうなお宅だけにチラシを配るということは有効でしょう。

この手法ならわざわざ印刷しなくても、ワードで基本の文章を作っておき、それをそのお宅用に一部をカスタマイズしてポスティングするというやり方でいいのではないでしょうか。これなら、媒体費も、印刷費も、無料でできますし、試してみる価値はあると思います。

メリットその②は「ポスティング代行業者の配布プランを活用できる」という点です。

「ポスティング代行業者」でネット検索すると、いろいろな業者を見つけることができ、サービス内容も豊富です。

ある業者では、「独り暮らしの学生」「企業のみ」「小学生の低学年のいる家庭」「高所得者」など、ターゲットに分けて配布できるようです。

ポスティングというと「投函禁止宅」への投函でクレームが起こることが懸念されますが、この業者では「投函禁止リスト」を独自に保有しているので未然に防止できることも明記してありました。ここまでターゲティングできるのであれば、戦略の1つとして組み込むのはありかもしれません。

メリットその③は「新聞販売店が無購読世帯へのポスティングを始めた」ことです。

従来のエリアマーケティングの主役は新聞の折り込みチラシでした。実は私も、広告業界に入った駆け出しの頃、某スーパーのチラシコピーを書いていたのです。ですから、チラシというと、何か思い出深いものを感じます。子どもの頃はチラシの裏の白紙に絵を描いたり、お婆さんが細かく切ってメモ代わりに使っていたのを思い出します。

さて、昔話はこのくらいにして、新聞折り込みチラシの話に戻りますが、皆さんもご承知の通り、新聞の定期購読率が低下して、折り込みチラシそのものの存在が危うくなっています。新聞を定期購読している家庭がここまで減少しては、企業側もチラシを出すことに躊躇してしまうのは当然のことです。

ユニクロなどではチラシによって業績を伸ばしてきただけに今でも作りつづけているようですが、その役割はすでに「ＬＩＮＥ＠＋ネット」という戦略に移行していると考えられます。

そういう背景の中、新聞販売店では生き残りをかけて、チラシの配布サービスを従来の定期購読家庭だけでなく、購読していない家庭にも配るという動きが出ています。当然、このサービスは各販売店によって異なりますので、事前にエリアを担当する販売店に問い合わせる必要があります。

さらに、「新聞無購読世帯セグメントポスティング」と呼んで、無料会員向けにチラシの束を届けるサービスも出てきました。このサービスを使えば、従来のポスティングサービスよりも低価格でチラシを配布することができるのです。検討してみる価値はあるのではないでしょうか。

ポスティング3つのメリット

①自分で作って、自分で配れば媒体費ゼロ。
②ポスティング代行業者の配布プランを活用できる。
③新聞販売店が無購読世帯へのポスティングを始めた。

少子化による大学の生き残り作戦DMとは？

ちょっと話を変えて、ここでは大学の集客について話をしたいと思います。

大学は、全国の高校生や浪人生などが対象になるためエリアを特定はできません。しかし、大学の施設はショップを全国に展開する企業とは異なり、1カ所に生徒を集めなければなりません。1カ所に集客するという点では街の商店と重なることもあり、あえて取り上げたいと思います。

実は、取り上げたいと思った理由はもう1つあります。それは、2019年のDM大賞で2つの大学が受賞したからにほかなりません。

1つ目に紹介するのは、高野山にある大学、「高野山大学」のDMです。

高野山というと古くから修験者が修行していた場所として有名ですが、実はこの大学は「密教学科30名」「人間学科20名」という、文学部のみの単科大学だそうです。

大阪から約2時間半の場所、高野山にこのような大学があるというのは知られていないと思います。大学側も、「このままではいけない」と、まずは多くの高校や社会に本校が広まることを重視して、今回、DMの発信となったようです。

しかし、ありきたりのDMでは認知を拡散させるほどのインパクトがなく、それを実現する秀逸なクリエイティブが必要だったわけです。

そこで、彼らの打ち出したコンセプトというのが、「神秘すぎる大学・秘密すぎる大学」というもので、「シークレットキャンパス開催」というメッセージを発信しました。まさに「高野山で密教の修行」という雰囲気のあるDMなのです。ブランディングの方向としても、完璧だと思います。

DMを「密書」に見立てて、「リフレクト印刷」という特殊な印刷を使用することで謎解きのようなアイデアを実現しました。一見すると何も書かれていない紙にフラッシュを発光させて写真を撮ると、曼荼羅《まんだら》が浮かび上がり、その文字をネットで検索すると「特設サイト」に飛ぶという仕組みです。

その結果、ＷｅｂサイトのＰＶ数は３万を超えたといいます。さらにＳＮＳでも拡散され、イベントには学生だけでなく、社会人も参加するという効果も現れ、新聞やテレビといったメディアでも取り上げられたそうです。

ちなみにＤＭを発送するための顧客データは、進研アドが運営する大学資料請求システムから得たもので、発送数は７０００通だったそうです。逆に言えば、７０００通でそこまでの効果が得られたのも、コンセプトとクリエイティブの斬新さがもたらしたものと言っていいでしょう。

光を当てると曼荼羅が浮かび上がる高野山大学のDM

3種類のDMを用意してワクワク感を狙った東京電機大学

もう1つの大学は、「東京電機大学」のオープンキャンパス用の集客DMです。

ここのオープンキャンパスでは、毎年風変わりなDMを打つことで有名になっています。DMは事前に大学に資料請求をしたリストに対して発送。例年、オープンキャンパスの参加者は入学志願率が高いということもあり、DMに力を入れているようです。そして2019年のDM大賞でも見事に金賞を獲得しています。

今回のDMは、3つのDMがそれぞれ異なるアプローチで大学の魅力を浮き彫りにしようと戦略立てています。

1つ目のDMは、「理工系学生」が好みそうなSF映画仕立てのもので、タイトルは「全人類電大人化計画」という、秘密結社が壮大な計画を企てているようなつくりになっていて、「これは学生にウケそうだ」と一目でわかるクリエイティブです。

高野山大学のクリエイティブもそうでしたが、学生たちが本気で興味を示してくれるアイデアを出しているなと、つくづく思います。作り手のワクワクした気持ちが感じられるからこそ、ワクワクが学生にも伝染して、集客に結びつくのではないでしょうか。

2つ目のDMは、鳩山キャンパス周辺の立ち寄りスポットを紹介し、日帰りツアーとして提案したものです。キャッチフレーズは「私を鳩山キャンパスに連れてって」です。これは、原田知世さんが主演した1987年の映画『私をスキーに連れてって』のパロディだと思われます。おそらく、高校3年生の子どもを持つ親世代へのアピールも含まれているのでしょう。

親世代からしたら懐かしさとともに、「ちょっと一緒にオープンキャンパスに行ってみようかな」となるかもしれませんし、この大学への進学を考える子どもを応援してくれるかもしれません。

そして、3つ目のDMは週刊誌という体裁で、大学の特長をはじめ、研究に打ち込む学生の思いなどを紹介したものです。内容が「まじめなもの」であるために、あえて「ゴシップ系週刊誌」風にして、「怪しさ」を演出したそうです。こういう点も、ターゲットをしっかりと捉えたうえでのアプローチであり好感が持てます。

東京電機大学は、3種類のユニークな雑誌風DMを配布

ここで紹介した2校とも、自らのポジショニングをしっかり理解したうえで、それをターゲットにどのように発信したら受け入れられるかを考えています。

高野山大学なら、「密教」という怪しい雰囲気を作り出し学生に興味を抱かせ、東京電機大学なら、理科系が持つ「SFチック」な雰囲気を「秘密結社」風に仕立てることで、学生たちに行ってみたいなと思わせています。

昨今の少子化で、大学も生き残りをかけて戦略を考えていく時代だと思います。従来の偏差値という基準では、大学の魅力が測れない今、その大学が持つオリジナリティ、USP（Unique Selling Proposition）を考える、つまり、そこだけが持つ独自の売りを明確に発信するべき時期が来ているのではないでしょうか。

今回は大学という比較的大きな組織の例をご紹介しましたが、これは街の学習塾でも同じかもしれません。

「いい大学に入って、いい会社に入れば、人生は安泰」という今までの考え方が根底から変わりつつある今、偏差値という数値では測れない学校の魅力を発信すべきでしょう。

生徒という1人の人間が歩んでいくうえで、本当に価値あるものを教えられるかどうかが、これからの教育の現場ではますます大事になります。そして、そのことをアピールすることで、学校それぞれの個性が出てくると思うのです。

学校や塾などをアピールするうえで、ヒントになるものが東京電機大学の写真にも見受けられます。

「全人類電大人化計画ＤＭ」や「週刊誌風ＤＭ」の写真の中に、初老の男性がひときわ際立っていることに気づきましたでしょうか。なんと彼こそ、大学の学長なのだそうです。このＤＭは彼というキャラクターを使ってのブランディング戦略という一面もあるわけです。

つまり、学校という建物的な発想ではなく、実際にそこで教えている先生たちをキャラクターとして発信するという手法が考えられるのです。

独自の世界観を打ち出したＤＭで学生に興味を持たせている高野山大学と東京電機大学のアプローチは一般のビジネスにも応用できる。

第6章 ダイレクトマーケティング実践編

ターゲットの心をつかむ
セールスレターの作り方とは？
ダイレクトマーケティングの
極意がわかる

ダイレクトマーケティングの極意は、セールスレターにあり

今までDMについて多角的に説明してきました。

いよいよここでは、DMの要となるものについてお話しします。

それは、DMの中に入れる「セールスレター」についてです。実はこのセールスレターというのは、ダイレクトマーケティングのすべてが凝縮されている、一番難しい制作物なのです。

私は広告代理店時代に「シニアコピーディレクター」という肩書で仕事をしていました。しかし、実はこういった職種は広告業界にはありません。というのは、通常ならコピーライターであり、その上はシニアコピーライターというのが慣例だからです。

なぜ、そこに「ディレクター」という言葉が入っているかというと、プロジェクトの責任者としてディレクションを行うこともありますが、もう1つの意味はコピーライターに指示を与えながらコピーのクオリティの底上げをしたり、またはコピーライターの教育をするというところまでを担っていたからです。

その私が、「すでにプロのコピーライターであるスタッフの中にも、なかなか書ける人がいないな」と思ったのがこのセールスレターでした。

実は、BMWの広告発注先が私の勤めていた会社からライバルの広告代理店に移ったあと、そのBMWから「特別にレターを1本、中村さんに書いてもらえないか」という依頼がきました。

「仕事を他社に移したクライアントのレターを、なぜ書かなければいけないんだ？」という、営業職の声もありましたが、私自身は光栄に思い、力をふるったのを覚えています（その後、私自身が、そのライバル代理店に移籍するとは思いませんでしたが……）。

本来ならそのくらいに難しいセールスレターですが、ここではテクニックを最小限にして、なるべく皆さんにも簡単に書けるように、基本となる文例をご紹介したいと思います。

まず、セールスレターの大事なポイントを挙げてみます。

- 注意を引く
- ターゲットの悩み（または、憧れ）を特定する
- その解決策として商品・サービスを位置づける
- ターゲットに「どんな歓びを起こせるか」を具体的にイメージさせ感情的にさせる
- 他社より優れている点を証明する（箇条書き）
- 行動をうながす
- 「追伸」を使って、行動をあと押しする

これは海外でもレクチャーされている「セールスレターの基本」を、私なりにアレンジしたものです。一昔前は、セールスレターは「長ければ長いほどいい」という流行がありましたが、それは間違いです。私は、セールスレターは要点がしっかり書かれているなら「短かければ短いほどいい」と思っています。

なぜなら、今どき誰もがそんな長い文章なんか読みたいと思わないでしょうから。

セールスレターの作例その①
「74カ国語の自動翻訳機」のDM

さて、実際にレターを書きながら、先ほどの「セールスレターの基本」をどのように展開していくかを考えてみましょう。

前提としては、第3章でご紹介した「74カ国語の自動翻訳機」を取り扱う輸入代理店としましょう。英会話スクールとのタイアップによって、その顧客リストを使って商品をセールスするDMを送るのです。本来は、小冊子で詳しく商品説明をするのですが、便宜上、今回は小冊子が入っていないという条件で書いてみます。

商品特長は以下のようなものでしたね。

・74カ国語の自動翻訳ができるから、手にした瞬間から世界中の人と友だちになれる
・ポケットに入れても違和感のないサイズだから、海外旅行に行ってもすぐ取り出せる
・人ごみの中でも、大音量だから聞き取りやすいので安心
・1回の充電で連続7時間使えるから、1日中、外出しても大丈夫
・ブルートゥースでイヤホンに接続できるから、電車の中で外国語の勉強も思いのまま

「相手を知る」と「自分を知る」

まず考えるべきは、「相手を知る」ことと、「自分を知る」ことです。

この場合の相手とは英会話スクールの学生や元学生と考えてください。相手を知る方法は次の3つです。

①相手のプロフィールを考える
②相手の毎日の生活を考える

③相手の関心事や欲しいものなど、感情が揺さぶられることを考える

では、さっそくやってみましょう。

①海外に出張に向かうサラリーマン（または旅行者）
②日本で忙しく仕事をしていて、英語を習ってはいるが、まだ会話に自信がない
③海外で自由に話してみたい。おいしい食事を食べたい。外国人の友だちがほしい

このようにすれば誰に売るべきかが具体的に見えてきますね。

次は「自分を知る」です。
自分とはこの場合、「74カ国語の自動翻訳機」になります。
そして、次の3つを考えることによって、自分を知ることができるわけです。

①顧客のどんなニーズを満たすことができるか？
②顧客のライフシーンにどんなうれしい変化を与えられるか？

③ライバルとの違いは何か？

では、さっそく、やってみましょう。

①74カ国語対応だから、世界中のどこに行ってもこれ1台で外国人と話せる
②商談に、観光に、外国語の心配がいらない。海外でアクティブに行動できる
③他社商品より小型で収録外国語が多い。持ち運びがラク

いかがでしょうか？
ずいぶんとこの商品の魅力が浮き彫りにされてきたと思います。

ターゲットをドキリとさせる、悩みや憧れを特定する

では、ここからセールスレターに取りかかってみます。まず、「注意を引く」ですが、

リストはスクールの学生ですから、彼らがドキリとする言葉がベストですね。そこで

英会話をマスターするのに何年かかるでしょうか？
これなら74カ国語が、一瞬でペラペラです。

少し皮肉っぽい見出しですがアテンションはありますよね。

次は、「ターゲットの悩み（または、憧れ）を特定する」ですが、悩みとは先ほどの「相手を知る」で考えた「英語を習ってはいるが、まだ会話に自信がない」としましょう。

会話に自信がある人は最初からターゲットにならないので外すことができますよね。

そこで次のように呼びかけます。

「海外出張で外国人と商談する機会がやってきた」
「取引先に海外メーカーが増えた」
「海外での打ち合わせは、英語だけでは不十分だ」
そのような悩みを持っている方へ、朗報です。

解決策を提示したのち、感情に訴えかける

そして、次は「その解決策として商品・サービスを位置づける」です。


この○○（商品名）は超小型デバイスの中に、なんと74カ国語の会話をインストール。

英語、フランス語、ドイツ語、中国語、スペイン語などなど、
あなたの会話を自動翻訳して、流ちょうな外国語で相手に話しかけます。

マイクを相手に向けたら日本語へと自動翻訳。

まさにポケットサイズの通訳がここに。

あなたの悩みが、一瞬で消え去ってしまう1台です。


次は、「どんな歓びを起こせるかを具体的にイメージさせて感情的にさせる」です。前にもお話ししましたが「感情的にさせる」というのが一番クロージングに結びつくのです。

先ほどの「③相手の関心事や欲しいものなど、感情が揺さぶられることを考える」で、「海外で自由に話してみたい。おいしい食事を食べたい。外国人の友だちがほしい」といったことを上手に言えないか考えてみましょう。

たとえば、次のようにしてみます。

74カ国語を話せるということは、
74カ国の人と親しくなれるチャンスができること。
海外のレストランで裏メニューを聞き出したり、
商談相手の外国人と意気投合して友人になったり、
外国人の恋人までできるかもしれません。
国境を越えて、あなたをもっとアクティブにする。それがこの商品です。

そして、「他社より優れている点を証明する（箇条書き）」は、先ほど冒頭で記載した次の5つの箇条書きを入れればいいでしょう。

・74カ国語の自動翻訳ができるから、手にした瞬間から世界中の人と友だちになれる

・ポケットに入れても違和感のないサイズだから、海外旅行に行ってもすぐ取り出せる
・人ごみの中でも、大音量だから聞き取りやすいので安心
・1回の充電で連続7時間使えるから、1日中、外出しても大丈夫
・ブルートゥースでイヤホンに接続できるから、電車の中で外国語の勉強も思いのまま

そのあとはＤＭでの最大の目的である「行動をうながす」です。どんなに素晴らしいレターでも、読み手がどこで商品を手にできるのかわからなければ意味がありません。

たとえば、通販に誘導するなら、次のようにします。

今回、〇〇英会話スクール在籍の方へ
特別オファーとして20％割引のご優待価格をご用意しました。
WWW.OOOO.OOO/にて、さらに詳しい情報とともに
通信販売を承っております。ぜひ、この機会にご検討ください。

そして、最後は「追伸」です。追伸は第二のキャッチフレーズと言われていて、読者の目に留まりやすい大切な箇所です。最後のひと押しに使います。

追伸
ご優待価格はDMを受け取られた方だけの期間限定オファーです。
お早めにお確かめください。

いかがでしょうか。以上の囲みの太字部分をつなげればセールスレターのできあがりです。

最初の「相手を知る」「自分を知る」で考えた要素がセールスレターの中に活かされていることもおわかりいただけたことでしょう。

※今回、この本の読者の方に特別なプレゼントとして、セールスレターを作成するのに役立つ特別レポート「マーケティング・マトリックス」をご用意しました。

231ページに記載した、「中村ブラウンのメルマガ登録」後に無料でダウンロードできます。ぜひ、本レポートも活用しながらセールスレターに取り組んでください。

常に「読み手がどう解釈するか」を考える

1つここで、プロとアマチュアライターの大きな違いについて書いておきます。

それは、**プロの文章は「他人がその文章を見て、どのような解釈するのか」を常に考えている**ことです。

もしも文章の中で、特別な用語を使用している場合は、その用語がターゲットの認知している言葉なのかを考え、それが不確かな場合はその補足をしたり、もしくはその言葉を使わないということを考えます。

また、アマチュアの文章には「意味が通じない、作者の真意がわからない」というものがあります。これには特に注意が必要です。

その原因は、自分の書いた文章を、「他人の目で客観的に見直す」ということができていないから起こります。プロの私でも、さらに言えば、大御所と呼ばれる大作家でさえも、その視点があいまいになり、意味が通じないことがあるのです。

ですから、本には編集者や校正の人を含め、多くの方が文章をチェックしますし、広告関連のコピーならば上司のディレクターや営業の人、もちろんクライアントの担当者が厳しい目でチェックをしているのです。

ですから、少なくても大勢の人の目に触れる**DMのコピーは送る前に「あなた以外の人」に読んでもらってください。**読んでもらう人は、「この人に読んでもらうと、赤字がいっぱい出そうだな」という人のほうがいいです。

その中には、「的外れな赤字」を言ってくる人もいるでしょうから、そのときは、参考にする程度でいいでしょう。赤字をもらっても、すべてを直す必要はありません。あくまでも、自分で気づかなかった点を見つけることにあるのですから、「自分で納得できる修正」を加えるようにしましょう。

- セールスレターは、まず「相手を知る」「自分を知る」から考える。
- 「セールスレターの基本」に沿って書いてみる。
- 常に「読む側がどう解釈するか」に注意する。

セールスレターの作例その②
脱サラオーナーの居酒屋開店チラシ

さて、セールスレターにおいて、人を引きつけるのに一番重要なポイントは何かを考えてみましょう。

それは**「上手に書く」ということではなく、「書き手の熱意」もしくは「送る相手への誠意」みたいなものが感じられる文章**なのです。

今「上手に書くということではなく」とお話ししましたが、今回は「下手に書く」というテクニックをご紹介します。

つまり、「へたうま」のセールスレターです。

「へたうま」というのは、イラストやマンガなどで、「これ素人が書いたのかよ、下手だな。

でも、なんか親しみを感じていいよな」という作品のことです。この考え方をセールスレターで展開してみるのです。

ポイントは次の通りです。

・自分をさらけ出す
・自分の悩みを読者にぶつける
・その解決策が、今の商品・サービスだと位置づける
・ターゲットに「どんな歓びを起こせるか」を具体的にイメージさせ感情的にさせる
・行動をうながす
・「追伸」を使って、行動をあと押しする

自分をさらけ出して自己ブランディングしつつ、読み手に感情移入させる

何はともあれ、実例を作ってみましょう。

第3章でお話しした「脱サラして、居酒屋を始めた店主」を例に考えてみましょうか。「開店案内のポスティングチラシ」に記載するセールスレターと仮定しましょう。

この店のポイントは「脱サラ」ということでしたね。「脱サラ」によって共感を生み、お客さんに応援してもらおうという戦略でした。

まずは見出しです。「自分をさらけ出す」ということですが、もう少し冷静な物言いにすると「自分のポジションを作る」ということでもあります。つまり、「脱サラ」というのがポイントですから、このことを「自分をさらけ出す」感で語ればいいわけです。

たとえば、こんな感じです。

52歳、ついにリストラされました。借金背負って、居酒屋、はじめます!

こんな見出しが味のある手書きの文字で書かれていたら、インパクトがあると思いませんか。読者からしたら「おいおい、この人、大丈夫なのかよ」と、すでに同情モードに入るでしょう。そこが、狙いです。

次は、「自分の悩みを読者にぶつける」ですが、これをソフトに言い換えると「自分はどういう人間なのかをブランディングする」ということになります。

しかし、あくまでストーリーに合ったブランディングにしていく必要があります。本当は、クールでかっこいい人でも、自分の作ろうとしているポジションを確立するために、あえて「人間味あふれるあなた」として語る必要があるわけです。第3章でも言いましたが、ブランディングの一番の手法は物語にすることでしたね。

たとえば、次のような感じです。


ある食品会社で、課長をやっていましたが、最近の業績不振で、真っ先にリストラ勧告されました。

なかなか女房にも告げられず、
いつもの居酒屋の店主にグチを言う日々が続きました。

「もう、このまま行方不明になってしまうかな」と私。

「バカか、会社の奴隷だったのを、やっと自由になれたんじゃないか」と、店主は「自分も脱サラ組だった」ことを明かしてくれました。

そこで頼み込んで、翌日から無給での見習い生活です。

厳しい店主だったので、怒鳴られてばかり。

しかし、それが愛情だと知っていました。

いかがでしょうか。この店主がどういう人間かを、ストーリーに引きずり込むことで読者にわかってもらえるのではないでしょうか。

ストーリーの中で共感を持たせながら商品・サービスを紹介する

そして、次は「その解決策が、今の商品・サービスだと位置づける」です。

それから数カ月たって、店主が言ったのは「自分の店を持ってみろ」だったのです。
そんな大それたことまで考えてなかった私は躊躇しました。
借金まで背負って、本当にできるのか、自信がなかったんです。
しかし、「失敗したって死にはしない。逆に今まで何かに挑戦したことがあるのか？」
という店主の言葉に奮い立ちました。

どうせやるなら、とことん「俺の好きにやろう」と思い、日本酒好きの私でしたから、全国の酒蔵を一軒一軒回って、「安いけど、本気で旨い！」という酒を探し歩いたんです。そのとき、地方で出会った酒の肴《さかな》で、「これは旨い！」という逸品のレシピもこっそり盗んできました。

いかがでしょうか。この店の特長が、「全国の酒蔵から厳選された、安くて旨い酒がそろっている」「地方の格別な酒の肴もある」ことをストーリーに織り込ませています。

次は、「ターゲットにどんな歓びを起こせるか」ということになります。ターゲットとはサラリーマンが中心になることをお話ししました。

彼らにとっては、「会社から離れて自由を勝ち取った」この店主は憧れの存在にほかなりません。そこをプッシュしてみましょう。

そうして、開店のめどがついたとき、お世話になった店主から激励の言葉をもらいました。「いい酒や、いい肴を揃えるだけが仕事じゃない。

今度はお前が、会社勤めで疲れている人を精いっぱい、励ましていくんだ。
それが本当の仕事だと思え」という言葉だったんです。
私は、泣きました。自分が苦しかった日々を思い出しました。

つまり、ここの店では「日々の疲れを癒してくれそうな雰囲気がある」ことが、「ターゲットにとっての歓び」だということです。

ターゲットに「行動をうながす」最後のプッシュ

そして、最後に「行動をうながす」です。

そして、ついに今週末にオープンということになりました。
地元で開店できたのは、本当にうれしく思っています。
小・中学校で一緒だった仲間や、ご近所の方々も、顔を出してくれないかなと、ひそかに楽しみにしています。
ここで1つ、開店に足を運んでいただいた方に、
とっておきの日本酒を一杯、
無料でご馳走させていただきます。
「おい、とくちゃん、来たよ!」と言ってください。
「あいよ!」というのを、秘密の愛言葉にさせていただきます。
もちろん、初めて顔を合わせる方々も、最初から気安く呼んでくださいね。
末長いお付き合いになれば、本当にうれしいです!!
本気でお待ちしています!!

「いつでも元気一杯」店主　田中徳次郎

最後は、「追伸」の代わりに今回はオープン日と場所をしっかり明記します。

居酒屋「いつでも元気一杯」8月1日(土)　18:00オープン

〇〇町〇〇丁目　電話〇〇ー〇〇〇ー〇〇〇〇　〇〇駅　徒歩2分　〇〇スーパーの脇道すぐ

いかがでしょうか。以上の囲み太字をつなげればセールスレターの完成です。参考にしてください。

キャラクターは最も強力な武器になる

実はこれを書きながら、あの天才的な落語家として知られる立川談志師匠の逸話を思い出していました。

話の出所は雑誌だったか、ドキュメンタリー番組だったか定かではないのですが、師匠が衆議院議員総選挙で落選したあと、寄席に上がると、何を話しても大ウケけだったそうで、そのことであることをひらめいたそうです。

つまり、「落選した立川談志」というキャラクター自体が、すでにお客の心をつかんでいたという事実です。そのとき、師匠は「お笑いの本質をつかんだ」というようなことを言っていたと記憶しています。

言いたいのは、どんな話でも、それを話すキャラクターが重要だということです。ドラマの世界でも、広告の世界でも、キャラクター（タレントなど）を重視するのはそれが理由にほかなりません。

たとえば、「愛している」と明石家さんまさんに言わせるのと、木村拓哉さんに言わせるのとでは視聴者の受け止め方がまったく違ってきます。

タレントでなくても、普段無口な青年が勇気を振りしぼって「愛している」と言うのと、いつもナンパばかりしている男が「愛している」と言うのとではやはり言葉の重みが変わってきます。つまり、メッセージを発する際、キャラクターをどのように作るかはとても重要なのです。

今回の「へたうま」戦略に話を戻すと、まさにこのキャラクターを作るというのは、最も効果を発揮する戦略といえるわけです。

ただし、すべてにこの戦略が適用できるわけではありません。

たとえば、ＢＭＷといったすでにブランドキャラクターができた企業でこの方法が難しいのは以前に述べた通りです。扱う商品が高額であればあるほど、難しくなると思ってください。

〈へたうまセールスレターのポイント〉

・自分をさらけ出す。
・自分の悩みを読者にぶつける。
・その解決策が、今の商品・サービスだと位置づける。
・ターゲットに「どんな歓びを起こせるか」を具体的にイメージさせて感情的にさせる。
・行動をうながす。
・「追伸」を使って、行動をあと押しする。

第7章

マーケティングで未来を手に入れる

世の中がどんなに変化しようと、
ダイレクトマーケティングの
戦略を知っていれば生き残れる

広告代理店を退職後、コネも、お金も使わずに、自力で集客できた

この本はダイレクトメールを入口にしながらも、ダイレクトマーケティングの基本的な考え方を理解してもらえるように書いています。

ダイレクトマーケティングとは、ターゲットを分析して、どのようなコミュニケーションをすれば、そのターゲットに動いてもらえるかを考えることにあります。

「動いてもらう」とは、つまり集客、あるいは、その先のクロージングに結びつけていくという意味にほかなりません。実は、その「人を動かす」方法論は、何もDMに限ったことではなく、あらゆるシチュエーションで、あなたに強力なパワー与えることができるのです。

広告代理店時代の私は、代理店の名前で有名な企業からの仕事を受けることができました。

つまり、「シニアコピーディレクターの中村」というブランドではなく、「〇〇〇広告代理店の中村」だったからこそ、お仕事をいただけたし、信用も得られていたわけです。

そこで長年、思っていたのは、代理店というブランドに頼ることなく、ダイレクトマーケティングで得た知識をフル動員して、自分だけの力で、多くの人に「動いてもらう」ことができないかということでした。しかも、極力お金をかけないでです。

そして、会社を退職しフリーランスになったとき、それを実行したのです。

まず、考えたのは「何を商品にするか？」と「何のために人を動かすか？」でした。

先ほど、「お金をかけず」という前提条件を作っていたので、商品開発にお金をかけたくありません。そこで、私が注目したのは、無料レポートというコンテンツの形態でした。レポートなら知恵を絞るだけで、お金をかける必要がないからです。

そうして見つけたのが、「メルぞう」（https://mailzou.com/）という無料レポートを紹介するサイトでした。画期的なレポートをここにアップすれば、自分のメルマガに登録してもらえるということを発見したのです。

こうして、最初に課題にしていた「商品は、無料レポート」「人を動かすのは、メルマガ登録のため」という目標設定ができあがったのです。

メルマガ登録者とは、いわば「顧客リスト」。ダイレクトマーケティングでは、最も価値のある財産であることは周知の事実です。

ちなみに、この「メルぞう」の仕組みは、ここで無料レポートをダウンロードする際に、その発行者のメルマガにプラスして、任意のメルマガを2つ購読することが求められます。読者はこの条件をクリアすれば無料でレポートが見られるのです。

その一方で、無料レポートを掲載してもらう発行者は、月会費として費用を払います。「メルぞう」の運営側はそれを利益にしているわけです。

コンテンツ、つまり無料レポートは、人にとっていちばん興味の高い「お金」をコンセプトにしました。そして、誰もが興味の湧きやすい「ネットでの副業」をテーマにしたのです。

その後、さまざまな情報収集を行い、自らも実践してたどり着いたノウハウが「中国輸入品をアマゾンのＦＢＡシステムで売る」という方法でした。

「中国輸入＋アマゾンFBA」のノウハウを無料レポートとして発信

中国輸入とはタオバオやアリババなど、中国のEC卸売りサイトから代行業者を経由して日本に個人輸入する方法です。このノウハウはすでに有名な情報発信者がいました。

しかし、ほとんど認知されていなかったアマゾンのFBAシステム（在庫をアマゾンの倉庫にストックして、受注後はアマゾンが発送し、カスタマーサービスまでアマゾンが代行してくれるシステム）を、この中国輸入に合わせて「中国輸入＋アマゾンFBA」というノウハウにし、無料レポートとして発信したのは日本で私が最初だったわけです

当時のハンドル名は「中村チャンドラー」でしたので、すべての無料レポートには「チャンドラー式」というタイトル名が記載されています。

2012年ごろの発行なので、今どうなっているか気になり、「メルぞう」で、「中国輸入　アマゾン」で検索したところ、いまだに私の無料レポートがたくさん表示されるのには驚きました。今でも、それだけニーズが高いということなのでしょう。

しかし、いかに画期的な内容でもそれを広めていくには、何かしらの起爆剤が必要と

考えていました。そこで、ダイレクトマーケティングの神髄であるセールスレターを、当時、中国輸入の情報発信者としていちばん有名なS氏に送ることに決めたのです。

S氏のメルマガ読者は「中国輸入」に興味を持っている人ばかりです。このメルマガで無料レポートを紹介してもらえれば、多くの読者が食いつくのは目に見えていました。

彼をターゲットにするに当たっては、彼の有料情報商材を購入したり、セミナーや懇談会に参加したりと、意図的に彼との接点を作っていったわけです。そして、名前を覚えてもらった段階でセールスレターを送りました。もちろん、目的は私の無料レポートを彼のメルマガで紹介してもらうためです。

しかし、S氏にとっても、私の無料レポートは今後、自分のビジネスにとって脅威になることがわかっていたはずです。そこを、セールスレターの奥義を使って、目的まで誘導することができたわけです。もちろん、S氏の度量の大きさと優しさもあってのことだと感謝しています。

そのあとは、驚異的に読者が増えていき、フェイスブックや「まぐまぐ」などの媒体を合わせて、約8000人のメールリストを獲得していきました。しかも、ほとんどお金をかけることなくです。当然、このリストは「中国輸入に興味を持っている」という濃厚なリストでもありました。

そのリストを使って、有料レポートの販売やアフィリエイトを行ったり、セミナーを開催したりと、要は換金をしていったのです。

これ以外にも、私の人生のターニングポイントで力を貸してくれたのが、ダイレクトマーケティングのノウハウでした。転職の際や、あわや裁判沙汰になりそうなときにも、このノウハウが私を救ってきたと考えています。

ちなみに、現在、「メルぞう」経由からでは、私のメルマガ登録ができなくなっています。今では、「中国輸入＋アマゾンＦＢＡ」という領域から突き抜け、思いつくままに私の考え方を発信していくメルマガになっています。この本の最後に、このセールスレターを作成するのに役立つ特別レポートが入手できる、無料メルマガ登録用ＵＲＬをご紹介しています。ご登録いただければ幸いです。

ダイレクトマーケティングの「人を動かす」ノウハウは、さまざまなビジネス、私生活の場面で活用することができる。

江戸時代から続く、有名な老舗企業のマーケティング

広告代理店を退社したあと、ある有名な日本の老舗ブランドの仕事をさせていただく機会がありました。その折、社史のような仕事の依頼を受けて、この老舗ブランドが創業した江戸時代の商人について調べたことがあります。

そこで、江戸時代から現代につながる「秀逸なマーケティング戦略」を見つけることができたので、ご紹介したいと思います。

江戸時代のブランド戦略として面白いのが、現在は「大丸松坂屋百貨店」として知られる大丸百貨店前身の「大文字屋」江戸店《えどだな》の例です。

歌川広重「名所江戸百景」の中に「大伝馬町呉服店」という絵がありますが、そこに

は「丸に大の文字」をあしらった「大文字屋」の大きなロゴ（暖簾《のれん》）が描き出されています。まさに現代のブランドロゴと同じ役割を果たしています。

さらに「大文字屋」では、お寺などに寄進した灯籠《とうろう》や、行商人の抱える風呂敷にもこのロゴを施し、庶民の目にさりげなくこのロゴを見せることで、今でいうブランド戦略を行っていたわけです。

街灯などのない時代ですから、夜ふけにお寺から出てきた参拝客が皆、「大文字屋」のロゴを灯籠で照らしながら歩く姿は、まるで「大文字屋」主催のナイトパレードのように、すごい宣伝効果があったことでしょう。目の付け所が、実に素晴らしいと思います。

土用のウナギはコピーライティングから生まれた！

もう1つの例は、海苔《のり》とお茶で有名な「山本山」。その前身の「山本嘉兵衛商店」（時代によって名称は異なる）が、現代でいう来場記念品のプレゼントを江戸時代に行っていました。

たとえば、団扇絵《うちわえ》なども配っていたらしく、夏の暑い日など、粋な絵の描かれた団扇をもらえれば、きっと庶民はうれしかったに違いありません。

現代の感覚でいうと「たかが団扇」と安物のように感じられるかもしれないですが、当時としたら、最新型の扇風機を無料でもらったような歓びがあったのだと思います。

さらに、「山本嘉兵衛商店」が六代目の頃、お茶のおいしさを啓蒙する『煎茶小述』といった書物を記念品として配ったそうです。

読み物として面白いだけでなく、世間ではなじみの薄かったお茶の歴史から効能、そして茶の心に到るまで興味深く書かれ、茶のよさを知らしめただけでなく、山本嘉兵衛商店のブランドを高めることに一役買ったのです。江戸の商人が書物をブランディングのツールとしてすでに使用していたというのは実に面白いですね。

また、元祖コピーライターとして知られるのが、エレキテルで有名な平賀源内です。「本日土用丑《どようウし》の日」という、今でも鰻屋を繁盛させているこの名コピーの発案者が、実は平賀源内と言われているのです。

ある時、鰻屋の主人が商売の不況を嘆いていたそうです。それを源内が「う」の付く食べ物を丑の日に食べると夏負けしないという民間伝承をヒントに、この名コピーを授けたと伝わっています。それが今日まで鰻屋を繁盛させているのだから恐れ入ります。

先にも述べたように江戸商人が宝物のように大切にしていたのが、「大福帳」という顧客リストだったことも忘れてはならないでしょう。

このように江戸時代は、現代のマーケティングにつながる商人の知恵の宝庫ではなかったのかと想像をふくらませるのです。

逆に言えば、「商人の知恵＝マーケティング」であるならば、昔なら丁稚《でっち》奉公をし、つらい思いをして習得していった知恵という宝物を、私たちは書物やネットによって簡単に手にすることができるのですから、素晴らしい時代だと思います。

その知恵の1つとして、この著書があなたの宝物になれれば幸せです。

江戸時代の商人は知恵をしぼってさまざまなマーケティング戦略を駆使していた。今こそ先人に学ぼう！

「人を動かす力」は、あなたの未来を切り開く力となる

ここで「人を動かす」、つまり「ダイレクトマーケティング」の極意をご紹介しましょう。

それは、**「相手の気持ちになって考える」「相手が自分をどう見ているか考える」**ということです。「なあんだ、そんなことなの？」と思わないでください。これぞ、本当に極意だと信じているのです。

私が敬愛する古典の名作に、デール・カーネギーの『人を動かす』（1937年刊）があります。その中でも、大切なポイントの1つに挙げられているのが「相手の立場になる」という考え方なのです。

第6章のセールスレターの頃目の中でお伝えした、

・ターゲットの悩み（または、憧れ）を特定する
・その解決策として商品・サービスを位置づける
・ターゲットに「どんな歓びを起こせるか」を具体的にイメージさせ感情的にさせる
・他社より優れている点を証明する（箇条書き）

この「ターゲットの悩み（または、憧れ）を特定する」とは、まさに「相手の気持ちになって考える」ということにほかなりません。

そして、「解決策として商品・サービスを位置づける」「他社より優れている点を証明する（箇条書き）」が、「相手が自分をどう見ているか考える」ということに関連しています。

つまり、「自分はあなたにとって、こういう価値があるんですよ」を導き出すヒントが、この「相手の気持ちになって考える」「相手が自分をどう見ているか考える」に隠されているのです。

また、「相手を知る」「自分を知る」ということをお話ししましたが、「相手が自分をどう見ているか考える」には、相手と自分の両方を客観的に見つめる必要があります。孫子の「彼を知り己を知れば百戦あやうからず」という言葉のように、「相手と自分」を知ることは、人生を渡るうえでの極意とも言えるのではないでしょうか。

ビジネスも人生も「集客力」が決め手！

仕事とは、たいてい何かを売って、その対価を得ることによって成り立っています。株のトレーダーなど、一部、当てはまらない職業はあるでしょうが、ほとんどは「商売」に起因しているのではないでしょうか。

そして、「商売」にとって一番難しいのが「集客」です。どんなに優れた商品でも、それを上手にコミュニケーションする力、お客を呼び寄せる力、すなわち「集客力」がなければ何も売ることができないからです。

実際、企業のトップにマーケティング経験者が多いのはこういうことではないでしょうか。

「集客力」を応用すれば、転職の武器になるでしょうし、自身で起業するときにも、「集客力」が決め手になるはずです。まさに、世間を上手に渡っていけるツールになると思っています。

この著書で、一番言いたかったのはそこにあるのです。

転職先の企業にアプローチするＤＭアイデアでもご紹介しましたが、このように人生において成功をつかむための戦略の１つに、ダイレクトマーケティングの知識が役に立つと思っています。

「世の中がどんなに変化しようと、ダイレクトマーケティングの戦略を知っていれば生き残れる」という本章のタイトルは決して大げさではなく、本気で私は思っています。

「自分はあなたにとって、こういう価値があるんですよ」を導き出すヒントは、「相手の気持ちになって考える」「相手が自分をどう見ているか考える」に隠されている。これぞダイレクトマーケティングの極意である。

おわりに

「人を喜ばせたい、ワクワクさせたい」が原動力

この本を書きながら思ったのは、この本を書く「自分の原動力、または情熱とはいったい何か？」という、自らへの問いかけでした。

ここまでたどり着き、気づいたのは、「もっと面白いDMが見てみたい」「ポストを開けたときにワクワクさせてほしい」という、個人的な欲求なのだと気づいたのです。せっかく、見ず知らずの方へダイレクトメールを出すのですから、その人が少しでもハッピーな気持ちになったり、もっと言えば、思わず人に見せたくなるようなハッピーを送ってほしいのです。

もちろんDMなのですから、最終的には商品やサービスをクロージング（成約）させるのが目的であることに変わりはありません。

しかし、「人を喜ばせたい」という気持ちは送り手として持っていてほしい。だからこそ、この本を書いたのだと、はっきりとわかったのです。

自社の商品やサービスをどうやって売ったらいいのか、日々、頭を悩ませているあなたへ。

ぜひ、自分自身が思わずワクワクするようなアイデアを形にしてください。きっと楽しみながら、自社の商品やサービスのよさを再発見し、顧客との絆をさらに深めていく素晴らしいアイデアを思いつくことでしょう。

DMの制作を請け負っているクリエイターやプロデューサーの方へ。

ワクワクの気持ちをクライアントの方にも伝染させて、「面白いアイデアだね！　やってみようよ」と、みんなが笑顔になって作るようなDMを、ぜひお願いします。

そして、できることなら、「こんなDM作ってしまいました！」と、私宛に送ってください。

そして、もう1つ。

「相手の気持ちになって考える」「相手が自分をどう見ているか考える」という、「人を動かす」ためのヒントは、きっとあなたの人生にとって、有意義なものになると思っています。

壁にぶつかったとき、もしくはチャンスが到来したとき、「そういえば、あの本がこんなヒントをくれたな」と、ぜひ、思い出してください。ひょっとしたら、思わぬところから道が開けるかもしれません。

私の人生は「人を喜ばせたい、ワクワクさせたい」という思いを原動力に突き進んでいる気がします。演劇を志したのも（失敗でした）、広告業界に飛び込んだのも、本を書いているのも、脚本を書いているのも、すべてがこの思いから始まっていると確信しています。

この「ワクワクさせたい」という気持ちが、この本を通して、あなたにも伝染したら、どんなに幸せでしょうか。ぜひ、ワクワクさせてくれるＤＭを作ってください。全力で応援しています！

ここまで、読んでいただき、本当に感謝しています。

ありがとうございました。

２０１９年7月　中村ブラウン

追伸（笑）

中村ブラウン公式メルマガの登録フォームです。
http://brown.xsrv.jp/acmailer/form.cgi

メルマガご登録者に、「マーケティング・マトリックス」無料レポートをプレゼント。
※あなた専用のマーケティングを構築するためのツールです。
メルマガ（週2〜3回程度）にてダウンロードＵＲＬをご案内します。
※メルマガが届かない場合は、迷惑メールフォルダをご確認ください。

セミナー、講演、執筆などのご依頼は左記までお願いします。
nakamurabrown@gmail.com

中村ブラウン（なかむら ぶらうん）

1962年東京生まれ
電通グループの広告代理店などにて、シニアコピーディレクターとして、20年以上に渡ってBMWのブランディングを支えてきたクリエイター。全日本DM大賞をはじめ、国内外での受賞歴を持ち、ダイレクトマーケティング全般に深い造詣を持つ。

現在フリーランスとして、広告・テレビCMの企画制作をはじめ、企業や個人に対してマーケティングなどのコンサルタントを行っている。

また、「中国輸入+Amazon FBA」のノウハウを日本で初めて情報発信した実績を持ち、メルマガ、Facebook等の登録者数は合計約8000人を記録した。

日本ネーミング協会会員。

小さな会社だからこそ、DMは最強のツール！
BMWを20年間売り続けた伝説のコピーライターが教える
勝つためのマーケティング術

2019年8月29日　第1版第1刷発行

著　者　中村ブラウン
発行所　WAVE出版
〒102-0074　東京都千代田区九段南3-9-12
TEL 03-3261-3713　FAX 03-3261-3823
振替 00100-7-366376
Email : info@wave-publishers.co.jp
http : //www.wave-publishers.co.jp

印刷・製本　中央精版印刷株式会社

NDC159　231p　19cm　ISBN 978-4-86621-227-2